高等职业教育"十三五"规划教材

U0677155

大学生目标导航手册

主　编　何杰民　　何　婧　苑　溢

副主编　李梦寅　肖　炜　王　灵　李桂英

参　编　李香韵　包玮琛　白朝凤　李　林
　　　　邓　静　何渝蔺　王梦梅　代勤恩

主　审　王　勇　赵晓峰

重庆大学出版社

图书在版编目(CIP)数据

大学生目标导航手册/何杰民,何婧,苑溢主编.
-- 重庆:重庆大学出版社,2019.9(2021.8 重印)
ISBN 978-7-5689-1817-6

Ⅰ.①大… Ⅱ.①何… ②何… ③苑… Ⅲ.①大学生
—学生生活—手册 Ⅳ.①G645.5-62

中国版本图书馆 CIP 数据核字(2019)第 210134 号

大学生目标导航手册
DA XUESHENG MUBIAO DAOHANG SHOUCE
主 编 何杰民 何婧 苑溢
副主编 李梦寅 肖炜 王灵 李桂英
主 审 王勇 赵晓峰
策划编辑:鲁 黎
责任编辑:夏 宇 版式设计:鲁 黎
责任校对:王 倩 责任印制:张 策
*
重庆大学出版社出版发行
出版人:饶帮华
社址:重庆市沙坪坝区大学城西路 21 号
邮编:401331
电话:(023)88617190 88617185(中小学)
传真:(023)88617186 88617166
网址:http://www.cqup.com.cn
邮箱:fxk@cqup.com.cn(营销中心)
全国新华书店经销
重庆天旭印务有限责任公司印刷
*
开本:787mm×1092mm 1/16 印张:10.75 字数:251 千
2019 年 9 月第 1 版 2021 年 8 月第 4 次印刷
印数:9 701—13 740
ISBN 978-7-5689-1817-6 定价:38.80 元

前　言

2017年10月18日,习近平总书记在十九大报告中指出,青年兴则国家兴,青年强则国家强。青年一代有理想、有本领、有担当,国家就有前途,民族就有希望。中国梦是历史的、现实的,也是未来的;是我们这一代的,更是青年一代的。中华民族伟大复兴的中国梦终将在一代代青年的接力奋斗中变为现实。全党要关心和爱护青年,为他们实现人生出彩搭建舞台。

目标,能引导活动指向与目标有关的行为,使人们根据难度的大小来调整努力的程度,并影响行为的持久性。明确的目标对人们日常行为具有动力性的引导作用。大学生如何设定目标,如何树立正确的人生目标,是摆在高校教育工作者面前的重要课题。开展大学生目标教育必将为学生树立理想、规划人生、努力学习、积极进取奠定良好的基础。高尔基说:"一个人追求的目标越高,他的才能就发展得越快,对社会就越有益。"大学生正处于适应社会的准备阶段,认真规划,制订出积极正确、切实可行的发展目标对自身成长、进步至关重要。构建目标教育模式,大力实施目标教育,根据人才培养目标,结合大学生成长特点,积极探索和实践人才培养的途径,对促进大学生成长成才,培养具有较高综合素质的党和人民事业发展需要的优秀人才有着十分重要的现实意义。

本书共八章,沿着大学生成长目标而行文,内容包括为什么读大学、为什么需要目标设定、大学生目标设定认知、大学生自我认知、大学生职业认知、大学生职业生涯规划的制订与实施、新时代大学生就业指导、大学生创业指导、大学生"目标与行动"计划书等内容。

本书由王勇、赵晓峰担任主审,何杰民、何婧、苑溢担任主编,李梦寅、肖炜、王灵、李桂英担任副主编。第一章由李梦寅编写,第二章由何婧编写,第三章由李桂英编写,第四章由肖炜编写,第五章、第八章由何杰民编写,第六章由王灵编写,第七章由苑溢编写。

本书在编写过程中参考了中外专家学者的著作和相关文献,在此一并表示真诚的感谢!由于编者水平有限,书中难免有不足之处,恳请专家和读者批评指正!

编　者

2019年3月

目　录

绪　论　为什么读大学

我们为什么要上大学呢？大学能带给我们什么呢？这是大多数人在高三的某些时刻在思考的问题。经过了高三的高压状态，这时候同学们尤其会思考大学能够带给我们什么。

大学，无疑会让我们的起点更高一些。现在有些工作，面试的时候就要求是大专以上或者是全日制本科的学生，其中不乏大家感兴趣的工作，上了大学的我们更具有申请这些工作的优势。

大学，还会让我们体验一种与以往不同的学习模式，可以让我们学到更多更有趣的东西。在中小学的课程中，强制性学习的内容太多，而这些内容往往和我们的学习成绩挂钩，因此我们大多是在被迫地学习。但是上了大学后，我们没有升学的压力，自然也不会有被迫学习的说法，我们会去选择自己更感兴趣的东西。

大学，能够让我们认识更多有趣的人。大学里风格各异的老师，个性独特的同学，以及聘请的职场专业人士带给我们的讲座，都吸引着我们。

在大学期间，我们需要"读万卷书，行万里路"，合理地利用大学能够带给我们的一切资源。我们需要在大学期间，做好自己的职业规划，塑造自己的核心竞争力。

在大学期间，你会和与你差不多的、比你更优秀的，或是某些方面稍微不如你的人一起相处，你便会更加真实、深刻地认识自己。你会意识到，其实自己可能并没有那么好，但也没有想象中的那么差。由于大学环境相对自由，你有更多的时间去做自己喜欢做的事情。你了解了自己究竟喜欢什么、讨厌什么，了解了自己擅长做什么、不擅长做什么，了解了自己的优点、缺点。你对自己的了解逐渐接近真实，你不再狂妄自大，也不再妄自菲薄。这就是成熟。

在大学期间，你听音乐会、看画展、参加社团、读各种书籍，你的文化修养、艺术修养、人文素养、道德修养都在不断地加深。如果你有条件，你可能会选择艺术享受，比如听音乐会、看话剧，甚至是艺术收藏，这是高层次的精神享受；而缺乏人文修养的人可能会放纵自我，甚至以身试法，这是低层次的感官享受。要知道，人生不在于长度，更在于质量。你可能没有丰厚的物质生活，但你不能自怨自艾，应尽可能使你的人生质量上到另一个层次。

上了大学，意味着要过上寄宿生活，没有了爸妈的悉心照料，这就需要你锻炼自己的独立性。这种锻炼是必要的，因为你必须学会独立生活。当然一开始你可能不适应，会感到茫然,甚至无所适从,在不经意间浪费了光阴,但这是提高独立能力的必经之路和代价,你也由此认识到了光阴的可贵。你有了思考自己、思考社会的时间,你可以对各种社会问题给出自己的见解。如果不懂,你会上网、去图书馆了解相关知识。你不再人云亦云,你拥有独立思考的能力,你会自己去判断对与错。你明白了社会与人性的复杂、多面,你变得更加理性了。

大学还有很多的理由让你以后去回忆,如果再让你选择一次上不上大学,相信你会不假思索地说:"那还用说吗!"

第一章　为什么需要目标设定

在一场讲授如何做好人生规划的专业课上,老师问学生:"假设你一个人外出旅游,来到了一个峡谷,发现几米深的地方有一个拉链开着的提包,里面装着一沓儿钞票。同时,悬崖边有一些长得不是很牢固的树可以帮你拿到这笔意外的财富,当然,你更有可能因此而摔断脖子,请问:你会选择离开还是靠近?"

一半以上的学生选择了离开,毕竟,再多的财富也比不上可贵的生命。

老师没有发表意见,继续问:"如果那个装钱的提包换成一个失足的小男孩,他此时奄奄一息地发出求救的呼唤——你又会怎么选择呢?"

学生们考虑了几秒钟后,全部选择了靠近。老师问:"面对相同的环境、相同的危机、相同的后果,你们却做出了不同的选择,这是为什么呢?"

"因为目标不同,生命比财富重要。"一个学生说。

"只是因为个人所设定的目标不同,所以你们的价值观也就不同了。现在,我们换个内容。"老师接着说,"如果你有一个心仪的女孩,你希望能和她厮守终身,但对方却不这样认为,也许她不是真的喜欢你。这时候,如果你一意孤行地付出自己的情感,那么结局会有两个:要么她被你感动,被动地和你在一起,但这段感情可能随时都会出现问题;要么她仍旧冷漠地离开了你,任你对她再好也没有用——这时,你是选择毅然离开,还是坚持靠近?"

学生陷入了"两难"问题的思考中。

老师看到大家都不吭声,于是话题一转:"假如你是那个被人苦苦追求的女孩,在你根本没有打算接纳对方的前提下,你会选择离开,让对方彻底死心,还是选择靠近,听任感情自由发展?"

学生们纷纷表示:"既然不爱人家,就该及早离开,免得耽误了对方的青春和幸福!"

老师微笑着说:"既然你们能够明白,在不喜欢一个人的时候,一定要给对方一个明确的答复,不要耽误、伤害别人,那么换位思考,当你是一个追求者时,又何必甘愿自己深陷泥沼之中,糟蹋自己的青春和幸福呢?"

学生们提出了这样的疑问:"请问老师,我们今天讨论的课题与人生规划之间有什么直接的关系吗?"

老师说:"在人生的课题中,有很多人在面对问题的时候,本该离开却选择了靠近,本该靠近的却又选择了离开，所以他们的人生路途，走得跌跌撞撞、痛苦不堪。如果你们连分辨离开与靠近的智慧都没有，分不清什么是'势在必行'，分不清什么又是'势所不行'，那么所有的人生规划都将沦为空谈，再怎么学也是枉然啊！"

第一节　目标设定的导向性

王健林曾经说："先定一个能达到的小目标，比方说我先挣它一个亿！"我们在学习和生活中，也给自己定了很多目标，像减肥、坚持锻炼、早睡早起、一年要读 100 本书……刚开始我们激情满满，但没过几天就被打回原形，于是我们常常陷入自责当中：为什么别人能实现自己的目标，我们为什么没有实现呢？那是因为我们的目标、执行力、专注力、思考力等好多因素都阻碍了我们去实现我们的目标。

目标导向是极为重要的一种思维方式。任何时候，人都被分为三种：第一种是没有目标的人，第二种是有模糊且不坚定的目标的人，第三种是有长期且坚定的目标的人。这三种人虽然没有高下之分，但结果却说明了很多。

目标设定的导向性又称问题导向，一开始搜索和收集有价值或有意义的目标（问题），然后以目标为导向，通过有意识或无意识两种方式深度发掘目标后面的知识点、重难点及整个知识体系，通过解决问题或建立知识构架的方式完成整个过程。

目标导向有两种形式：一种是有意识目标导向；另一种是无意识目标导向，类比于主动红外搜索雷达和被动红外搜索雷达。

有意识目标导向，是主动地红外搜索，即有意识地搜索并收集目标，然后对目标进行深度发掘，包括知识点、重难点及整个知识构架，再一次扫描下来，锁定所需攻击的目标，根据轻重难易、先后顺序制订攻击计划并立即攻击其中有价值的和高危险的目标或安排时间进行延后打击，就像主动红外搜索雷达，通过主动发射红外信号，接收反射回波来判断和锁定目标，并将数据送到指挥中心处理，通过它们制订攻击计划和下达攻击命令，空中待命的飞机或导弹阵地执行攻击计划，完成打击后评估打击效果，看是否需要二次打击。

无意识目标导向是被动地搜索，这种打击样式必须有原始的打击意识，即一开始就认为它有意义或有价值，只是当时没查阅相关资料或没时间一举拿下，只当作原始的意识保存了下来，但当它再次出现时，会猛然意识到思路的清晰或信息（资料）的重要价值，就像是发生了共鸣（共振），频率突然接近或达到固有频率。这种意识是很强烈的，一旦发现与目标相关，便立即记录下这种感觉、思路和信息，然后践行有意识目标导向的打击样式。当然，信息量太大经常不能一次性解决，可编制一个打击计划进行延后有效打击，并将其中有价值、有威胁的目标锁定，其中有些问题需经过多次重复的被动搜索和无意识目标导向，才能将与问题有关的整个知识体系完全建立。

有意识目标导向适用于专业课程类,即主动地、有意识地寻找问题及背后的知识,而不是无意识地发现问题后才临时去做进一步的研究。例如,选定课程教材后,先熟悉总目录,建立一级知识构架;然后熟悉具体的章节,建立二级(章)、三级(节)知识构架;接着对三级(节)知识构架所列的知识点各个击破,标明重难、易错、没弄懂和需进一步拓展的点,将课本语言转换成自己的理解,这个过程相当于翻译,是把书读厚的过程;最后将自己的理解和知识点内部的联系网络化,编制成一张坐标地图。另外,我们也可以通过做题进行导向学习:首先选一套好题(包括大多数知识点);然后建立一级、二级(章)、三级(节)知识构架;其次每做一道题,就立即返回课本,寻找相关的知识点,将课本语言转换成自己的理解,并标明重难、易错、没弄懂和需进一步拓展的点,也是把书读厚的过程;最后将自己的理解和知识点内部的联系网络化,编制成一张坐标地图。

无意识目标导向更适用于自身感兴趣或有优势的话题,即平时只有最基本的打击意识,发现问题后才临时去做进一步的研究。如对家族问题的研究,平时只有这种研究意识,但一时没有资源或时间供研究所用,只能先放下,但是在学习和生活中一直保持着这种意识,一旦发现有关家族问题的有价值的信息(资源)或者在整合自己记忆或胡思乱想时突然有新的思路和发现,便立即抓住这个时机将它记录下来或强化这种发现并进行延后打击,同时借助当时对问题的敏感度和清晰的思路进一步延伸拓展,进而构筑有关这个问题的知识构架和体系,编制坐标地图,完成整个过程。这种搜索的范围很广,包括书刊、电视、网络、与人交谈、耳听目视等。

目标导向非常有用,但具体执行时有困难,如不能立即编制有效打击的兵力,或虽能捕捉到目标但无法有效锁定目标。前者可通过有效的时间、任务安排和建立缓冲区解决,后者需要一股"不破楼兰誓不还"的决心和勇气。当然,不要吊死在一棵树上,要学会退一步或站在一定的高度去思考这些问题,因为只要有最初的印象,一旦再次出现这些问题就会再次发生共鸣(共振),还可求助于人,让这方面的熟人帮助你建立知识体系或了解这方面的信息。

首先,通过目标导向可以对目标背后的整个知识体系和结构有所了解,了解到的东西转化成自己的理解后就是能力,假如能用自己的语言记录下来,就能实现知识的积累,因此这是非常有效的学习方式。其次,有目标的搜索可以减少大量无用功,直奔目标,高度专注,而且对目标有了初步了解就能建立知识间的联系和知识构架。最后,对于无意识目标而言,它还具有时效性,能将最清晰和最新的思维强化。

通过目标导向可有效地获取知识,同时在借助目标导向探索的过程中可能会发现更多的"新大陆"。它是很有效的,可以节省时间,节省下来的时间又可以建立缓冲区和自信心,而这种缓冲区和自信心又是下一个目标导向的本钱。

没有目标是可怕的。正如在沙漠里行走,没有目标,永远都会在原地兜圈。人生没有目标,就像写作跑题,尽管写得洋洋洒洒,但下笔千言,离题万里。

第二节 目标设定的重要性

哈佛大学曾在某届学生毕业时做过一项调查,发现27%的人没有目标,60%的人目标模糊,10%的人有着清晰但比较短期的目标,其余3%的人有着清晰而长远的目标。在现实生活中,我们大多数人属于那60%中的一员,目标是模糊的。比如,想赚钱,但不知道赚多少钱,只认为越多越好;未来三年想买房子,但不知道该买多大的房子,在哪里买,自己目前的收入水平能否负担得起?

想赚更多的钱,想过上更好的生活,想买部车子等,这些都是想法,没有明确的计划,目标最后只能向下归类。什么叫向下归类?即你想买个房子,即使实现了,房子是最低条件;你想买部车子,那车子是最差的车子。你没有一个明确的目标,没有做计划,那么行动是没有方向的。这很关键,所以,成功等于我们达成自己预期的目标。有非常清晰的目标,做好未来三年的个人规划,探索实现目标的手段和途径,当三年目标实现了,我们再去迎接下一个三年,这就是清晰的目标规划。目标从来都不是一个数字,而是一个人一生的修炼。

唐僧能够坚持不懈19年,行程5万余里而不放弃,是因为他心中始终有一个目标,即普度众生,把佛教发扬光大。在现实生活中,我们对生活的激情全部来自对目标的追求:有的人是为了成就事业而坚持,在商场上忘我地打拼;有的人是为了让儿女上学能够背上一个新书包,起早贪黑卖茶叶蛋……不管目标是什么,也不管目标大小,只要有目标存在,就足以支撑我们前行。

哈佛大学在之后的调查中发现:25年后,3%的人几乎都成了社会各界的成功人士,10%的人大都生活在社会的中上层,60%的人都生活在社会的中下层,剩下27%的人在抱怨他人、抱怨社会的同时,也抱怨自己。通过这个调查,足以说明目标的重要性,所以我们需要给自己制订目标,规划自己的人生。

有了明确的目标,我们才会有行动的方向和动力。现实中有些人之所以会感觉到无聊、缺乏生活激情,大部分病根在于其丧失了做事的目的。

你现在有没有想过,5年之后、10年之后,你想成为什么样的人?一辈子很长,你要做一个什么样的人?如果你没有目标,请为自己立一个;如果你有目标,千万不要丢了那"一箱石头",因为你将得到比金子还贵重许多的东西。

第三节　目标设定的对策

目标是我们工作和生活的方向,明确的目标会为我们的生活和工作引导方向,就像是航行中的船,如果没有方向,那么任何风向都是逆风。其实,人生也一样,如果我们的生活没有目标,我们去哪个方向都是逆行的。目标的设定有五大对策:

一、目标可视化

设定目标最简单且最高效的一大对策,就是把你想要达成的目标写下来,把你在生活的各个领域想要达成的目标都写下来。

先不用去思考你是否能够到达,只管写下来。这个步骤相当重要。写下来的东西会给你留下深刻的印象,而且,你会有一种就应该去完成它的感觉。无论你要做什么事情,要达成什么样的目标,全都把它写下来,在书写想要达成的目标时,浪费一点纸张没有关系。我无法告诉你写下来对你达成目标与提高效率将会有多么大的影响。确保你所写下来的目标连一个3岁的小孩子都能看得懂,并且能清楚地告诉别的小兄弟姐妹你究竟要做什么,你究竟要到达什么样的目标。记住,领导者都是清单狂。当你写下目标的时候,你就自动加入了精英俱乐部。

二、设定时刻期限

给你写下来的每个目标设定一个时刻期限,设定一个清楚的时刻期限。没有时刻期限的目标叫作幻想、瞎想,没有时刻期限的目标就像是为失败买了保险,它可以保证你浪费完你的美好时光并保证你绝对不会达成你的目标。没有明确截止日期的目标叫作自欺欺人。设定时刻期限绝对是提高个人效率的最快速的方式,也是打破帕金森定律的唯一方法。时刻管理有多项重要原则,但我觉得最立竿见影的原则就是设定时刻期限。学习并领悟这一条原则,你就能够完成更多的工作,当然也会赚更多的钱。我发现,人总是会按时刻达成目标,如果你告诉自己明天早上6点钟必须起床,你会发现自己通常都能够起来;如果有一个你想看的电视节目8点钟要开始,你总是能够按时达成目标。

三、明确达成目标的最大障碍

问自己想要达成这个目标,最担心的是什么,最没有把握的是什么？你和你要达成的目标之间可能会遇到的最大问题和障碍是什么？首先要找到这个最大的障碍,然后设定一个计划去解除它。你不用担心能否搬掉那块大石头。因为我们大多数人的问题并不是不知道如何解决问题,而是不知道问题在哪里。你需要静下心来,问自己这个问题。只要找到了问题,问题就解决了一半。

四、明确达成目标需要的支援

问自己要达成这个目标,你需要得到哪些人、哪些机构的支持,你需要与哪些人合作?同时,他们在帮助你达成目标的时候,能够得到什么好处?

任何想要达成重要目标的人都需要得到别人的支持。将这句话写下来:如果……的话,我就能够达成。运用填空的办法找出你需要的支援是什么。

五、明确达成目标需要的技能和知识

问自己如果要达成这个目标,你还需要领悟并掌握哪些额外的技能、哪些关键的知识?比如你想在3个月内成为总经理,你还需要掌握哪项关键技能?哪些知识会对你做好一名总经理帮最大的忙?找出对你影响最大的一项技能,并立刻制订计划去领悟该技能。还是要再复习一下那句话——一切都是能够学习并领悟的。

第四节　在目标中成长

目标会引导我们去做自己内心一直渴望去做的那件事情。如果我们连做自己想做的事情都来不及,又怎么能去做我们不想去做的那些事情呢?听从自己的内心,把有限的资源和精力用在最有意义的事情上。清晰的目标是动力产生的源泉,它会不停地激励我们把它变成现实。

目标会帮助我们成为一个成功的人,有目标的人的成功率比没有目标的人要大得多。要带着明确的目标去生活,把一切障碍都甩在背后。

为了我们的生活和工作可以达到自己想要的样子,我们必须为自己制订一个明确的目标,进而为了自己的目标去努力。

在我们制订了明确的目标之后,在实施它的过程中,你会发现自己开始有了变化:

一、有了积极的心态

当我们开始做某件事的时候,我们总是会发现它是最容易做到的事情,而且这种情况几乎发生在我们生活中遇到的任何事情上,如学习新东西、运动等。这是因为它与实现你的目标一致。

二、学会在困难中坚持

如果生命中有一件事情是准确的,那就是好事永远不会轻易到来。因为如果好的事情

容易得到,那么每个人都会过着美好的日子,没有人还会抱怨生活。当你努力实现自己的目标时,你会遇到棘手的问题,也许是你最想放弃的时候。但要记住,这些只是测试你毅力的挑战,看看你是否容易受困难时期和一个小小问题的影响。

三、会高效地使用时间

不管什么时候,你都需要时间休息。这与实现你的目标相似。用这些时间整理你的想法,不要用错误的方式来利用你的空闲时间,不要盲目地通过社交媒体或任何毫无意义的方式浪费你的时间。

四、停止拖延

当我们在工作中遇到困难时,我们通常会拖延时间,这是为了避免我们的大脑因为要解决问题而过于操劳。是的,在这种情况下适当休息是允许的,但不要做那些会让你失去时间观念的事情,比如花大量时间在社交媒体上。把那些会使你拖延时间的东西收起来,并把它们替换成不会让你花费太多时间的事情。

五、不放弃

赢家从不放弃,放弃者永远不会赢,这句话解释了为什么在我们的社会中有这么多成功的人。现在想一下你过去做了多少事,有哪些是你从未完成过的。当你在回想的时候,你有没有后悔放弃它?如果你没有放弃,你或许可以实现更多。因为我们很容易受到失败的影响,所以我们放弃了过于容易的事情。其实,当你想放弃的时候,那个时刻是你最不应该放弃的时候,因为这可能是你生活中最重要的挑战。

目标可能看起来很可怕,因为这意味着你需要努力工作来完成它,同时当你想到它时,它会让你更有动力。一个人要是没有目标,他的生活就会变得枯燥和毫无意义。

第二章　大学生目标设定认知

【案例导入】

　　有一名 18 岁的高中生,她去看了一部电影,那部电影描述的是法国巴黎埃菲尔铁塔。她对这部电影的印象非常深刻,并给自己许下了一个承诺,等她毕业的时候一定要去巴黎参观一下埃菲尔铁塔。结果高中毕业前她忙着考大学未能兑现承诺。因为她的梦想是在高中就酝酿而成的,所以大学四年她一直期许,等大学毕业以后去一趟。结果大学四年很快就过去了,但是她的梦想并没有实现。原因是这样的:当大学毕业后,她急于找一份安定的工作,当她找到了工作,又说等工作稳定后再去巴黎。而在她工作稳定时她又恋爱了。谈了恋爱的她对自己许诺,结婚后一定要去一趟巴黎。结果结婚以后她面对的都是柴米油盐酱醋茶,接着她怀孕了。她又想等自己生了小孩再去巴黎玩。可惜生完小孩以后,她的目标也转移了,开始忙着照顾先生,处理家里的事情,还要照顾小孩。接着,她又对自己许诺,等孩子长大了,她一定要去巴黎玩。这个梦从她高中到大学到工作到结婚,到生了孩子,一直到孩子也长大了,结婚了,生了孙子还是没有达成。有一天这个女人说了一句话:"嗨,我这辈子最渴望的就是有一天去巴黎玩。"而这个时候她已经老态龙钟地躺在病床上了。

　　从这个故事我们可以看出,每个人都会受外界的环境或一些信息的影响而产生很多很多的梦想,在这个过程中,他们都曾经想过要去哪里或者曾经说过要做些什么事情,就因为仅仅想过而没有去做,最后等到年龄大了后悔晚矣。如果上述故事中的她当时马上去做的话,结果会完全不同。

　　对于你来说,应该有一个多年的计划,这个多年的计划,如果能够聚焦得越来越集中,它就可以成为你人生的目标。你的人生目标要细分到不同的领域,有健康的目标、家庭的目标、工作的目标、人际关系发展的目标、理财的目标、成长的目标,甚至有休闲以及心灵成长的目标。就是因为有梦想,你才能把梦想变成多年的计划。把这些计划设定为目标,实际上就是关于未来的思考。要达成这些目标,当然是有一定条件的,这些条件就是达成目标的步骤。

第一节　目标设定的步骤、方法、原则

一、设定目标的步骤

（1）写下目标。通常仅仅想还不够,一定要写下你的目标,这样才能加深印象,使其进入我们的潜意识。

（2）设定优先顺序。目标可能有很多,一定要排定其优先顺序。

（3）拟订计划。依据目标的优先顺序拟订计划。

（4）对计划设定优先等级和先后顺序。

二、设定目标的方法

1. 热切的期待和欲望

问自己:"真的很希望得到吗?"强烈的愿望是人类一切活动的原动力。欲望越强烈,决心越大,自己越愿意付出代价。

2. 目标必须是明确的、可达到的、可以衡量的

只有明确而具体的目标才可以衡量,只有可衡量的目标才可能达到,否则只是笼统、空泛的、无意义的大话而已。

3. 把目标写下来

当你在书写时,你的思维活动会在记忆中产生一种不可磨灭的印象,它会告诉你的潜意识:这是真的。

4. 问自己"为什么要实现这个目标"

写出实现这个目标的理由、好处和意义,理由或好处越多越好。这样做有助于发现、认识目标的必要性和重要性,从而增加实现目标的紧迫感,获得强大的驱动力。

5. 规定实现目标的期限

没有期限,就等于没有目标,就永远到不了成功的彼岸。期限是衡量目标进展的尺度,是激发你向目标不断前进的动力。

6. 分析你的起始点

没有理想,就没有前进的方向。没有起始点,就无从规划自己的航程,即使有了地图和指南针,仍然会无可奈何地迷失方向。只有明确自己现在所处的位置,地图和指南针才能发挥作用。分析起始点,就是弄清现在所处的环境和条件。

7. 确认实现目标的障碍

依难度设定实现目标的优先顺序。人不是为了痛苦而活着,而是为了幸福才活着,但痛苦却伴随着人的一生。确认障碍,是为了"有备无患,从容不迫"。同时要记住:障碍是对我们的锻炼和考验,即使每前进一步都会有障碍,它也不能阻碍我们前进。实现目标的过程,就是克服障碍的过程。

8. 确认达到目标所需的知识和技能

为了实现目标而不断完善自己,做好知识和技能的充分准备。生命不息,学习不止。

9. 确认对实现目标有帮助的人和团体

调动一切可以调动的力量来帮助自己实现目标。

10. 找出克服障碍的方法

每个障碍都有克服的办法,对关键性障碍应找出不少于五个解决方案。

11. 制订实现目标的计划

制订了目标及实现目标(克服障碍)的方法,就要制订每年、每月、每周甚至每天的计划。计划,就是目标分解一览表。

12. 将你的计划付诸行动,立即去做

没有行动,再好的计划也只是白日梦。不要拖延,不要"以后",立即就做,现在就做。

13. 将目标视觉化

想象目标实现以后的情景,将自己沉浸在成功的快乐中。描绘一幅明晰的胜利景象,激发自己实现目标的动力和克服障碍的决心。

14. 以坚定的信念支撑自己去实现目标

任何事,只要你持续地放在脑海中,就可以成为你想要的模式。坚信自己会成功,不迟疑、不害怕、不退缩。绝不能放弃,放弃就是失败。

15. 不断地向自己提出更高的目标

你的目标越高,你的眼界就越宽阔,你的世界就越大,你的思想也就越积极。目标能催人奋进。你完成的每一个目标和为达到目标所做的每一件事情,都须指向你的人生目标。

三、设定目标的原则

(1)目标要具体。
(2)目标必须是可衡量的。
(3)目标是可能实现的。
(4)目标是切合实际的。
(5)一定要设定时间表。

第二节　学业发展

一、大学生个人发展规划与学科的关系

大学生个人发展规划与各学科有着紧密的联系,不同学科有不同的知识技能、态度需求和培养目标,其与学科的关系主要通过学科基准予以体现。例如,英国高等教育质量保证局将学科划分为医学、生物科学、化学、工程、法律、历史、教育研究等,为每类学科都制订了相应的基本学科要求和质量准则——学科基准。它是英国高校各学科教育教学大纲的基础,是学术标准在学科层次上的体现。学科基准的内容大体分为三部分:第一是该学科的定义和说明;第二是关于该学科的学术标准和质量准则,其中包括优、良、合格等3～5个级别;第三部分是评估,即将学生的表现与基准中的标准和准则进行对比评价。

大学生个人发展规划与学科之间的关系正是通过学科基准来体现的,它借助大学生个人发展规划的内容和要素来具体落实规划的学科要求,学校在学科教学中落实学科基准的相关要求是将大学生个人发展规划贯穿于学科教学中,但学科基准并没有要求要体现个人的发展规划。通过调查发现,虽然早期的学科基准没有涉及相关方面,但大学生个人发展规划开始实施后,许多学科基准详细论述了构成个人发展规划的许多要素,其中有5个学科详细论述了大学生个人发展规划和记录。

大学生个人发展规划与学科的密切联系不仅能保障个人发展规划的有效实施,而且能有效吸引学科领域的第三方以帮助学生成长。随着大学生个人发展规划的实施与完善,其与学科的关系更加紧密。

二、大学生学业目标实现途径

(一)根据学生个体需求,实施"一对一"的学业指导

1.加固专业技能,培育"蔷薇型"人才

"蔷薇型"人才是指专业成绩好、对学习持之以恒的学生,他们在职场的工资和头衔相对来说比较稳定。对于高校中的"蔷薇型"学生,他们一般的学业目标是尽量多考证书,提升学历。因此,学校应该把他们归为一类,专门拨出一批专业技能好的老师来辅导他们学习。由于每个学生都存在差异性,同一种学习方法并不适合每个人,所以应注重实践,多给学生提供参加社会实践的机会,让他们在实践中揣摩方法、品味知识、强化知识,以做到学以致用。

2. 开发思维能力,培养"玫瑰型"人才

"玫瑰型"人才指爱参加社会实践、课外活动的学生,他们在职场上一般偏向于自己创业,其风险相对较高,一旦成功,其前途不可限量。因此,学校应该把他们归为一类,专门拨出一批教学水平高的老师来辅导他们学习。可以通过声、电、光等媒介培养他们的学习兴趣,给他们讲有关思维(发散思维、横向思维、纵向思维、联想思维等)方面的知识,让他们更好地了解自己的大脑及思维方式,培养自己的思维方式,提升学习效率,成为学习的主人。

3. 挖掘学生潜质,向"蔷薇玫瑰型"转型

"蔷薇玫瑰型"人才,即汲取了"蔷薇型"人才与"玫瑰型"人才的优点而形成的一种混合型人才。学校应该把他们归为一类,专门拨出一批专业技能高、教学水平高的老师,培养使其脱颖而出的七种力量:自我规划力、意志力、行动力、学习力、创新力、交际力、品德力。

(二)根据年级特点,实施阶段性学业目标

1. 大一积极准备,养成良好的学习习惯

大一学生应该养成良好的学习习惯,而学习习惯与情绪智力密切相关。戈尔曼认为情绪智力包括五个方面:自我觉察能力、情绪管理能力、自我激励能力、冲动控制能力、人际技巧。所以,可以把情绪智力与"思想道德修养与法律基础"相结合,采用实践式与体验式的教学方法,既让大一学生学到必修课知识,又让他们提高其情绪智力。

2. 大二夯实基础,实现专业学习突破

大学生通过了大一的磨砺后,进入了大二阶段,这个阶段是专业学习的重要时期。首先,可以采用商业中的"免费旅游"策略,即对于表现好的学生,为其提供暑假去某个名胜景点免费旅游的机会。因为大多数学生都爱旅游,所以这种策略可以激发教师的教学激情和学生的学习激情。其次,每周举行一次读书活动日,以专业为单位,各专业分别对应不同的读书活动日,让学生在每个读书活动日期间尽情阅读,并写好读书心得,在周教时交给辅导员。坚持每天在安静的环境下观看相关专业的优秀视频,观看时要聚精会神地抓好每一个细节,同时过滤掉消极的思想,留下积极的思想。

3. 大三实现学业目标与职业目标的融合

大三期间学生陆陆续续开始考证,考证是学业目标与职业目标的整合。可以对考证成功的同学实行"考一送一"的策略,即每拿到一个证书,都设置相应的礼品或现金进行奖励。鼓励大学生在校园中举办创意商业活动。可以把学校的食堂、超市等服务员全部换作学生,让学生在学校中有更多兼职活动的选择。此外,可以为师生建立一个交流平台,让任课老师和学生进行一对一交流。这种交流可以在课间时间进行,以学号为序,依次确保任课老师能

与每位同学都进行交流。老师可把自己的经验、教训传授给学生,同时可以培养学生的人际交往能力、心理抗压能力、前瞻预测能力等,让他们成为追求卓越人生的人。

第三节 个人发展

一、大学生个人发展规划

大学生个人发展规划是个人承担反思和记录学习、表现和成绩的责任,也是系统、全面规划学术、职业和个人发展的过程,这一过程获得学校和各界的有效支持。它由学生自主执行,包含相互联系的规划、实施、记录、反思、评估五部分。其中"系统全面"表现为由学校专门设计、维护和监督,与其他学生支持体系相互联系,以保证实施的全面性,如图书馆资源、同伴指导计划、电脑辅助资源、学生服务中心、就业服务。"有效支持"指一方面学校重视为学生实施个人发展规划提供老师、专业人员和其他资源;另一方面,大学生个人发展规划作为全国范围内的政策性教育活动受到许多教育组织和项目在科研、技术保障及评估过程中的支持。"过程"指大学生个人发展规划是多方联系的持续性发展,包含课程内外的学习活动和经验积累,并不断提升自我意识,注重学生成长的过程性。"发展"建立在自主基础上,包含学术、职业、个人全方位的持续性发展。

大学生个人发展规划注重的反思性学习的能力、态度、行为包括:认知、评价并展示学术与非学术领域的学习;收集、记录学习经验和成绩,评估自身优缺点,扬长补短,通过此途径证明自己的能力和潜力。

二、大学生个人发展规划理论基础

科尔伯的经验学习理论是大学生个人发展规划的理论基础。经验学习理论认为,有效的学习是具体经验、反思性观察、抽象的概念化、主动验证四个学习阶段的循环。大学生个人发展规划就是通过这四个阶段循环发展,学生获得具体实际的各种学习经验,通过观察反思获得一般化的学习、职业、个人发展的理解,之后有目的、有针对性地制订规划,在新的环境中尝试并获得相应发展。

(一)实施模式

克莱格和布兰得利于 2006 年发表的理想类型,将大学生个人发展规划按学科分为职业模式、就业模式和学术模式。这种模式建立在对谢菲尔德哈莱姆大学生个人发展规划在所有学科领域实施情况的研究总结基础上,结合各学科特点与培养目标,通过一线教学实践,并结合英国著名教育思想家巴兹尔·伯恩斯坦《教育、符号控制与认同》的分类理论所形成。但这种分类模式并不是完全固定的,它可以根据不同学校具体的培养方向采用不同的模式。

如职业模式,此模式所属学科的培养目标专业性较强,受限于特殊职业的专门要求,学生未来的去向有教师培训组织、特殊健康护理组织、特许理疗机构等。大学生个人发展规划一方面侧重提升学生在此领域的特殊职业竞争力;另一方面要规划本身易于转化为持续性专业发展的一部分,它是职业生涯的重要组成部分。此模式因学科要求强调独特的专业特性,所以学生不仅要反思学科的专业知识,培养自身的职业技能,还应反思自己的个性特质是否适合特殊的职业需求。

(二)就业模式

此模式的学科分布有管理商科、运动休闲、应用科学与工程,这些学科领域侧重培养学生适应社会就业的需求,对象包括毕业生、实习生、工作本位学习的学生。就业模式相对于职业模式而言各职业界限较为模糊,大学生个人发展规划并非指向特定的职业领域,而注重培养与就业有关的一般性职业技能,而不是特定职业领域的知识与技能。在面对竞争激烈的劳动力市场,学生更应该关注外部经济社会环境,准确认清自己的定位。

第四节 职业发展

职业生涯规划对大学生而言,就是在自我认知的基础上,根据自己的专业特长和知识结构,结合社会环境与市场环境,对将来要从事的职业以及要达到的职业目标所做的方向性的方案。根据萨珀的职业生涯发展理论,大学生处于职业生涯的探索阶段,且正好跨越了该阶段的过渡期(18~22岁)和试验承诺期(22~24岁)。在这两个时期,大学生的个体能力迅速提高,职业兴趣趋于稳定,逐步形成了对未来职业生涯的预期;完成了职业学习和职业准备,大学生毕业后会走上初次就业岗位,正式开始职业生涯。故此,在试验承诺期内,许多大学生往往需要就自己的未来职业生涯做出关键性的决策。所以,大学期间是职业生涯规划的黄金阶段,对大学生个人的未来职业走向和职业发展具有十分深远的影响。通过对自己职业生涯的规划,大学生可以解决好职业生涯中的"四定",即定向、定点、定位、定心问题,尽早确定自己的职业目标,选择自己职业发展的地域范围,把握自己的职业定位,保持平稳和正常的心态,按照自己的目标和理想有条不紊、循序渐进地努力。

职业生涯规划的训练有助于全面提高大学生的综合素质,避免其学习的盲目性和被动性;规划个人的职业生涯,可以使职业目标和实战策略了然于胸,便于从宏观上予以调整和掌控,能让大学生在职业探索和发展中少走弯路,节省时间和精力;同时,职业生涯规划还能对大学生起到内在的激励作用,使大学生产生学习、实践的动力,激发自己不断为实现各阶段目标和终极目标而进取。大学生首先要认识到职业生涯规划的重要意义,职业生涯活动将伴随我们的大半生,拥有成功的职业生涯才能实现完美人生。因此,职业生涯规划具有特别重要的意义。

第一,职业生涯规划可以发掘自我潜能,增强个人实力。一份行之有效的职业生涯规划将会:①引导你正确认识自身的个性特质、现有与潜在的资源优势,帮助你重新对自己的价值进行定位并使其持续增值;②引导你对自己的综合优势与劣势进行对比分析;③使你树立明确的职业发展目标与职业理想;④引导你评估个人目标与现实之间的差距;⑤引导你进行前瞻与实际相结合的职业定位,搜索或发现新的或有潜力的职业机会;⑥使你学会运用科学的方法,采取可行的步骤与措施,不断增强职业竞争力,实现自己的职业目标与理想。

第二,职业生涯规划可以增强发展的目的性与计划性,提升成功的机会。职业生涯发展要有计划、有目的,不可盲目地"撞大运",很多时候我们的职业生涯受挫就是由于规划没有做好。好的计划是成功的开始,古语讲"凡事预则立,不预则废",就是这个道理。

第三,职业生涯规划可以提升应对竞争的能力。当今社会处在变革的时代,到处充满着激烈的竞争。物竞天择,适者生存。职业活动的竞争非常突出,尤其是在我国加入 WTO 后。要想在这场激烈的竞争中脱颖而出并立于不败之地,必须设计好自己的职业生涯规划。这样才能做到心中有数,正所谓"将军不打无准备之仗"。在现实中,不少应届大学毕业生不是首先坐下来做好自己的职业生涯规划,而是拿着简历与求职书到处乱跑,总想着会撞到好运气、找到好工作,结果浪费了大量的时间、精力与资金,到头来感叹招聘单位有眼无珠,不能"慧眼识英雄",叹息自己英雄无用武之地。这部分大学毕业生没有充分认识到职业生涯规划的意义与重要性,认为找到理想工作凭的是学识、业绩、耐心、关系、口才等条件,认为职业生涯规划纯属纸上谈兵,有那时间还不如多跑两家招聘单位。这是一种错误的理念,应该未雨绸缪,先做好职业生涯规划,这样才能"磨刀不误砍柴工",有了清晰的认识与明确的目标,再把求职活动付诸实践,这样的效果要好得多,也更经济、更科学。

第三章 大学生自我认知

中国有句古话:"人贵有自知之明。"意思是,一个人值得称道的地方是自己能够正确地认识自己。用现代人的说法就是,每个人都需要对自己有一个了解,能够认识到自己的长处和短处,才算得上聪明。

《老子》曰:"知人者智,自知者明。"说的是,能够正确地认识别人可以算得上是有智慧的人,能够正确地认识自己可以算得上聪明能干了。

什么是自我认知? 自我认知也叫自我意识,是个体对自己存在的觉察,包括对自己的行为和心理状态的认知。自我认知,就是人在社会实践中,对自己的生理、心理、社会活动以及对自己与周围事物的关系进行的认知,包括自我观察、自我体验、自我感知、自我评价等。人贵有自知之明是自我认知的基本思想。自我认知要求主动地、有组织地对自我进行认知,其基本途径是从社会交往中认识自己,"择其善者而从之,其不善者而改之";严于自我解剖,"一日三省吾身","行有不得,反求诸己","见贤思齐焉,见不贤而内自省也"。

作为一名大学生,我们应常常思考:我到底是一个怎样的人? 我的兴趣、优势和潜力在哪里? 我要怎么知道自己是一个什么样的人?

第一节 自我气质及性格探索

【案例导入】

四位大学生兴致勃勃地结伴去参加一场久违的音乐会,由于票价不菲,且屡经周折才获得,大伙都很珍惜。但路上偏遇堵车,赶到时音乐会早已开始。守门的老大爷不让他们进去,理由是现在进去会影响别人欣赏。于是,四位大学生有了不同的想法和行为。

大学生 1 与守门的老大爷争吵起来,硬要冲进去。老大爷怕他大声争吵影响到音乐厅里的观众,最后还是放他进去了。

大学生 2 想,音乐厅肯定不止一道门,正门不让进,就到旁门去碰运气——他还真从旁门溜了进去。

大学生3看到老大爷态度强硬,心想上半场一般不精彩,自己不如先休息一下。他等到中场休息时进去听了精彩的下半场。

大学生4认为,自己就是倒霉,运气不好,好不容易来听一场音乐会,又遇堵车。他找不到好的方法,最后决定回家。

观看这场难得的音乐会和想方设法进入音乐厅是四个大学生共同的态度,但四人在想方设法的行为表现中却大不相同,结果也大相径庭。他们采取的不同方式是由他们各自的气质所决定的。

一、气质的含义

气质是个体不以活动的目的和内容为转移的典型的、稳定的心理活动的动力特征。它表现在人的情感活动、认识活动和言语活动中,主要指心理活动的强度、速度、灵活性、稳定性及指向性,是主体对外界事物的一种习惯性心理反应,使人表现出与他人不同的秉性、脾气,具有天赋性、稳定性和可变性的特点。

二、气质类型

1.古希腊体液说

在西方,最早研究气质现象的是古希腊的医生希波克利特和盖伦。他们认为有些人易怒、动作激烈,是由于黄胆汁过多,称之为"胆汁质";有些人热心、喜欢活动,是由于血液过多,称之为"多血质";另一些人冷静、善于算计,是由于黏液过多,称之为"黏液质";还有一些人神经过敏、易郁闷,是由于黑胆汁过多,称之为"抑郁质"。这种用体液来解释气质的生理基础的说法虽然缺乏科学依据,但"气质"这个名称一直沿用了下来(表3-1)。

表3-1 气质类型及其特征表

气质类型	行为特征
多血质	活泼好动、反应敏捷、情绪发生快且多变、注意力和兴趣易转移、善交际、亲切有生气,但往往轻率,具有外倾性
胆汁质	直率、精力旺盛、热情奔放、急躁、莽撞、易感情用事、自制力差,具有外倾性
黏液质	沉着、安静、情绪不易外露、行动缓慢、注意力稳定不易转移、自制力强、不善于随机应变,具有内倾性
抑郁质	行为孤僻、多愁善感、动作迟缓、情绪体验深刻、善于觉察细节、富于想象,具有内倾性

案例导入中的四位大学生,分别属于四种典型的气质类型:胆汁质、多血质、黏液质、抑

郁质。在现实生活中,典型的气质类型是很少的,很多人都属于一般的气质类型或两三种气质类型的混合型。

2. 巴甫洛夫的高级神经活动类型学说

俄国生理学家巴甫洛夫通过大量实验研究,提出了关于高级神经活动类型的学说,解释了气质的生理机制,为气质的个别差异提供了科学的说明。巴甫洛夫认为神经系统具有强度、平衡性、灵活性三种基本特性。强度是指神经细胞和整个神经系统经受强烈刺激或持久工作的能力,这里有强弱之分。平衡性是指神经系统在兴奋与抑制两种过程中的力量是否相当,这里有平衡与不平衡之分,而不平衡又有兴奋占优势或抑制占优势之分。灵活性是指兴奋与抑制两种神经过程相互转化的速度与能力,这里有灵活与不灵活之分(表3-2)。

表 3-2　高级神经活动类型与气质的相互关系表

强　度	平衡性	灵活性	高级神经活动类型	气质类型
强	不平衡		兴奋型	胆汁质
强	平衡	灵活	活泼型	多血质
强	平衡	不灵活	安静型	黏液质
弱			抑制型	抑郁质

这三种特性在个体身上存在着差异与不同组合,于是就出现了神经系统的种种类型,其中最典型的四种类型恰恰与希波克利特提出的四种气质分类相当。由此可知,气质受生物组织制约,主要由先天遗传因素决定,具有稳定性。人们常说的"江山易改,禀性难移"就是指的气质的这种特性。

事实上,单纯的上述四种典型气质并不多见,在生活中,绝大多数人的气质是这四种气质的互相混合和渗透。

(1)"无价"的气质。气质是人的天性,无好坏之分。每种气质既有其利的一面,也有其弊的一面。如多血质的人虽然灵敏活泼,但却容易浮躁,学习不踏实,没耐力,行事马虎;抑郁质的人虽然胆小、忧郁,但细心敏锐,见微知著,聪明过人。

(2)气质不能决定人的社会价值和成就大小,它仅对人们从事的不同活动的效率有影响。当气质与活动性质相适宜时,活动效率就会提高,反之,则减低。

(3)气质与职业:

胆汁质型(不可抑制型),属于战斗类型。这种气质类型的人精力旺盛、反应敏捷、乐观大方,但性急、暴躁且缺少耐性,热情忽高忽低。胆汁质类型的人适合于做刺激性大且富于挑战的工作,如导游、节目主持人、推销员、演员、模特等;不适合做整天坐在办公室或不走动的工作。

多血质型(活泼型),属于敏捷好动的类型。这种气质类型的人适应能力强,善于交际,在新的环境中应付自如,反应迅速而灵活,办事效率高,但注意力不稳定,兴趣容易转移。多血质类型的人职业选择较广泛,如新闻工作、外事工作、服务人员、咨询员等;不适合做细致单调、环境过于安静的工作。

黏液质型(安静型),属于缄默而沉静的类型。这种气质类型的人踏实、稳重,兴趣持久专注,善于忍耐,但有惰性,不够灵活,而且不善于转移注意力。黏液质类型的人适合做管理人员、办公室文员、会计、出纳、播音员等;不适合做富于变化和挑战性大的工作。

抑郁质型(抑制型),属于呆板而羞涩的类型。这种气质类型的人感情细腻,做事小心谨慎,善于察觉到别人观察不到的微小细节,但适应能力较差,易于疲劳,行动迟缓、羞涩、孤僻且显得不大合群。抑郁质类型的人适合做保管员、化验员、排版员、保育员、研究人员等;不适合做需要与各色人物打交道、变化多端、大量消耗体力和脑力的工作。

【心理测试】

气质类型自测表

气质并不决定和影响人的行为,因此无所谓优劣,请你阅读下列问题,然后在每个问题后面给予相应的作答:A. 很符合;B. 比较符合;C. 介于中间;D. 不太符合;E. 很不符合。

1. 做事力求稳妥,不做无把握的事 …………………………………………………… (　　)
2. 遇到可气的事就怒不可遏,想把心里话全都说出来才痛快 ………………… (　　)
3. 宁肯一个人干事,不愿很多人在一起 ………………………………………………… (　　)
4. 到一个新环境很快就能适应 …………………………………………………………… (　　)
5. 厌恶那些强烈的刺激,如尖叫、噪声、危险镜头 ……………………………… (　　)
6. 和人争吵时,总是先发制人,喜欢挑衅 ……………………………………………… (　　)
7. 喜欢安静的环境 ………………………………………………………………………… (　　)
8. 善于和人交往 …………………………………………………………………………… (　　)
9. 羡慕那种善于克制自己感情的人 …………………………………………………… (　　)
10. 生活有规律,很少违反作息制度 …………………………………………………… (　　)
11. 在多数情况下情绪是乐观的 ………………………………………………………… (　　)
12. 碰到陌生人觉得很拘束 ……………………………………………………………… (　　)
13. 遇到令人气愤的事,能很好地自我控制 ………………………………………… (　　)
14. 做事总是有旺盛的精力 ……………………………………………………………… (　　)
15. 遇到问题时常常举棋不定,优柔寡断 …………………………………………… (　　)
16. 在人群中从不觉得过分拘束 ………………………………………………………… (　　)
17. 情绪高昂时,觉得干什么都有趣;情绪低落时,又觉得什么都没意思 ……… (　　)
18. 当注意力集中于某一事物时,别的事很难使我分心 …………………………… (　　)
19. 理解问题总比别人快 ………………………………………………………………… (　　)
20. 碰到危险情景时,常有一种极度的恐怖感 ……………………………………… (　　)

21. 对学习、工作怀有很高的热情 ………………………… （　　）

22. 能够长时间做枯燥、单调的工作 …………………… （　　）

23. 符合兴趣的事情,干起来劲头十足,否则就不想干 …… （　　）

24. 一点小事就能引起情绪波动 ……………………… （　　）

25. 讨厌做那种需要耐心、细致的工作 ………………… （　　）

26. 与人交往不卑不亢 …………………………………… （　　）

27. 喜欢参加热烈的活动 ………………………………… （　　）

28. 爱看感情细腻、描写人物内心活动的文学作品 …… （　　）

29. 工作、学习时间长了,常感到厌倦 ………………… （　　）

30. 不喜欢长时间谈论一个问题,愿意拿出实际行动动手干 … （　　）

31. 宁愿侃侃而谈,不愿窃窃私语 ……………………… （　　）

32. 别人说我总是闷闷不乐 ……………………………… （　　）

33. 理解某事常比别人慢些 ……………………………… （　　）

34. 疲倦时只要短暂的休息就能精神抖擞,并重新投入工作 … （　　）

35. 心里有话,宁愿自己想,不愿说出来 ……………… （　　）

36. 认准一个目标就希望尽快实现,不达目的,誓不罢休 … （　　）

37. 同样和别人学习、工作一段时间后,常比别人更疲倦 … （　　）

38. 做事有些莽撞,常常不考虑后果 …………………… （　　）

39. 老师或师傅讲授新知识、技术时,总希望他讲慢些,多重复几遍 … （　　）

40. 能够很快地忘记那些不愉快的事情 ………………… （　　）

41. 做作业或完成一件工作总比别人花的时间多 …… （　　）

42. 喜欢运动量大的体育活动或参加各种文艺活动 …… （　　）

43. 不能很好地把注意力从一件事转移到另一件事上去 … （　　）

44. 接受一个任务后,就希望把它迅速解决 …………… （　　）

45. 认为墨守成规比冒风险强些 ……………………… （　　）

46. 能够同时关注几件事物 ……………………………… （　　）

47. 当我烦闷的时候,别人很难使我高兴起来 ………… （　　）

48. 爱看情节起伏跌宕、激动人心的小说 ……………… （　　）

49. 对工作抱着认真严谨、始终如一的态度 ………… （　　）

50. 和周围人的关系总是处不好 ……………………… （　　）

51. 喜欢复习学过的知识,重复做已经掌握的工作 …… （　　）

52. 希望做变化大、花样多的工作 …………………… （　　）

53. 小时候会背的诗歌,我似乎比别人记得清楚 …… （　　）

54. 别人说我"出语伤人",可我并不觉得这样 ……… （　　）

55. 在体育活动中,常因反应慢而落后 ………………… （　　）

56. 反应敏捷,头脑机智 ………………………………… （　　）

57. 喜欢有条理而不甚麻烦的工作 ·· （　　　）

58. 兴奋的事常常使我失眠 ··· （　　　）

59. 老师讲新概念，常常听不懂，但是懂了以后就很难忘记 ················· （　　　）

60. 假如工作枯燥，马上就会情绪低落 ··· （　　　）

计分标准：

选 A 得 2 分，选 B 得 1 分，选 C 得 0 分，选 D 得 -1 分，选 E 得 -2 分。

测试结果：

1. 先将每题的得分填入下表相应的"得分"栏内；

2. 计算每种气质类型的总得分；

3. 气质类型的确定：

①如果某类型气质的得分明显高于其他三种，且高出 4 分以上，则可确定为该类气质。此外，如果该类气质得分超过 20 分，则为典型气质，如果该类得分在 10 ~ 20 分，则为一般型气质。

②两种气质类型得分接近，其差异低于 3 分，而且又明显高于其他两种，高出 4 分以上，则可确定为这两种气质的混合型。

③三种气质得分均高于第四种，而且它们彼此接近，则为三种气质的混合型，如多血-胆汁-黏液质混合型或黏液-多血-抑郁质混合型。

胆汁质	题号	2	6	9	14	17	21	27	31	36	38	42	48	50	54	58	总分
	得分																
多血质	题号	4	8	11	16	19	23	25	29	34	40	44	46	52	56	60	总分
	得分																
黏液质	题号	1	7	10	13	18	22	26	30	33	39	43	45	49	55	57	总分
	得分																
抑郁质	题号	3	5	12	15	20	24	28	32	35	37	41	47	51	53	59	总分
	得分																

三、性格含义

[案例导入]

电影《孟良崮战役》中有这样一个情节：离总攻还有 10 分钟，少林寺出身的"九纵"司令员许世友在前线指挥所旁的战壕里大口吞嚼着大饼，边吃边喃喃自语："奶奶的，老子这回终于要开杀戒了。"说罢伸出手，头也不回地叫道："再来一张！"在"四纵"指挥所，司令员陶勇一直拿着望远镜在观察，他焦急地问身边的参谋："几点了？""还差 5 分钟。""你这个表是不是停了?"警卫员拿起闹钟指着指针,说:"没有呀,你看它一直走着呢!"陶司令员放下望远镜,掏出自己的怀表查实,自言自语道:"这时间过得太慢了。"说完他又举起望远镜。这时一个参谋走过来说:"首长,快吃饭吧。"陶司令员头也不回地说:"不吃!""饭都凉了。"陶司令员大声地说:"我现在吃不下!"说完他觉得自己的态度似乎不对,委屈了这位参谋,于是放下望远镜,好言安抚道:"啊,待会在战场上吃个痛快,去吧。"说完,陶司令员又拿起了望远镜。

两位司令员在激战前夕表现出来的对时间和吃饭的态度,以及反应的行为方式叫性格。其实每个人的性格都不一样,案例中两人的表现截然相反:陶勇是典型的内向性格,许世友是典型的外向性格。但两人有一点是相同的,他们都是大智大勇、战功卓著的将领。

有句"性格决定命运""性格决定成败"的老话,大学生也经常在说、在用,但是多问几个为什么,很多同学却答不上来。那么,究竟什么是性格? 它能决定人一生的命运吗? 你属于什么样的性格? 它们能改变吗? 怎样才能改变和优化自己的性格?

性格是人格的具体表现,是个人对客观现实的稳定的态度和与此相适应的习惯的行为方式。所谓态度,是个体对社会、对自己和对他人的一种心理倾向,它包括对事物的评价,好恶和趋避等方面。态度表现在人的具体行为当中。例如,当目睹一个同学正遭到他人欺凌时,有的人路见不平、拔刀相助,体现了勇敢与伸张正义的性格;有的人则事不关己、高高挂起,体现了怯懦与冷漠的性格。这种对事物不同的态度以及与此相适应的行为方式,构成了人的不同的性格。从这里也可以看出,性格涉及的是一个人人格中社会评价的部分。

性格是后天铸成的,不是先天具有的,心理学上通常把性格看作一个人在现实的、长期的社会活动和劳动实践中,在环境,特别是在后天的教育影响下逐步形成、发展的行为方式的独特结合。性格是反映人的个性的稳定的态度以及与之相适应的行为部分,是个性中最重要的心理特征,在个性中起着核心作用,并从本质上反映个人的精神面貌和思想境界。

四、性格的类型

1. 荣格性格理论

瑞士心理学家荣格把性格按照个体心理倾向分为内向型和外向型,大多数人属于中间型,兼有内、外向型的特征。外向心理活动倾向于外部世界,即思考时总是向外发展,喜欢与人交往。因此,外向型的人多数属于关注外在且比较有行动力的类型。他们活泼开朗、善于交际、情感外露、兴趣广泛、独立性强、容易适应环境的变化,有时也比较轻率,做事易浮于表面。

而内向心理活动倾向于主观世界,感情比较深沉,待人接物小心谨慎,含蓄、严肃、敏感、冷漠、肯思考,喜好幻想,喜欢有秩序的生活;除了亲密朋友之外,不易与他人随便接触,缺乏自信与行动的勇气,不过情绪活动比较稳定。内向型的人还不善言谈与交际,常常处于一种孤独寂寞的状态之中,对新环境的适应不够灵活。

外向型:力比多趋向别人,心理活动倾向外部,活泼开朗,易露感情,待人接物热情。有很强的独立性,却缺乏自我分析能力,不拘小节,善交际,适应环境能力强。

内向型:力比多倾向自己,心理活动指向内部,感情深沉,待人接物小心谨慎,喜欢单独工作,遇事反复思考,因此常因过分思虑而不敢下决心,对事仔细小心,有坚持性,能进行自我分析,对新环境的适应不太灵活。

2. 斯普兰格性格理论

德国心理学家斯普兰格认为生活方式对人的性格的影响很大,他提出应根据人们认为的最有价值的生活方式来划分性格类型,并把性格类型分为六种,相应地把人格也分为六类:

(1)理论型:能冷静、客观地观察事物,根据自己的知识体系来判断事物的价值,但碰到实际问题时却不会处理,以追求真理为生活目的。

(2)经济型:是以经济的观点看一切事物,以实际效果看待实际价值,以获得财产和追求利润为生活目的。

(3)审美型:不大关心实际生活,往往从美的角度判断事物的价值。

(4)社会型:重视爱心,以爱他人为最高价值,有志于增进自己和他人的福利。

(5)权力型:重视权力并努力获得权力,总想指挥、命令别人。

(6)宗教型:相信宗教,感谢圣人救命之恩,坚信生命是永存的。

3. 弗雷德曼和罗斯曼理论

美国弗雷德曼和罗斯曼根据易感心身疾病的不同将人的性格划分为 A 型性格、B 型性格和 C 型性格。

(1)A 型性格:易患冠心病的行为模式

主要特征:①对时间有紧迫感,感到时间不够;②长期亢奋紧张;③争强好胜;④遇到挫折会变得充满敌意和攻击性,对人有戒心,缺乏耐心和容忍力。

(2)B 型性格

主要特征:悠闲自得,不爱紧张,一般无时间紧迫感,不喜欢争强,有耐心,能容忍等。

研究表明:A 型冠心病的发病是 B 型的 2 倍,心肌梗死的复发是 B 型的数倍。

(3)C 型性格:癌症倾向性格

主要特征:不表现愤怒,把愤怒藏在心里加以控制;在行为上表现为与别人过分合作,原谅一些不该原谅的行为;在生活和工作中没有主意和目标;不确定性多;对别人过分耐心;尽量回避各种冲突,不表现负面情绪(特别是愤怒),屈从于权威等。

五、性格的特征

在现实生活中,有的人沉静;有的人热烈;有的人执拗而自负;有的人羞怯而缺乏自信;有的人刚强勇敢,历经打击;有的人稍遇困难便叫苦不迭;有的人脾气急躁,点火即着,随时可能和人吵架;有的人却慢条斯理,火烧眉毛也不着急。透过这些外化的表现,每个人的性

格都具有 5 个方面的特征:

1. 态度特征

性格的态度特征是指一个人对待现实的态度方面的特征,它是性格的最重要的部分。性格的态度特征主要是看待和处理各种社会关系方面的性格特征,是性格的内核。爱祖国、关心社会、乐于助人、正直以及为人冷漠、自私、虚伪等这些表现,涉及的是对社会、对集体、对他人的态度特征;认真细心、勤劳节俭、富于首创精神以及马虎粗心、拈轻怕重、奢侈浪费等这些表现,涉及的是对学习、劳动和工作的态度特征;严于律己、谦虚谨慎、勇于自我批评以及放任自己、自负或自卑、自以为是等,涉及的是对自己的态度特征。

可以将其概括为对人、对事、对己 3 个方面的态度反应:

第一,对国家(社会)、集体、他人的态度特征:热爱祖国或对国家、民族的命运、前途淡漠,公而忘私或假公济私,忠心耿耿或三心二意,善于交际或行为孤僻,热爱集体或自私自利,正直或虚伪,礼貌或粗暴,同情或冷酷,等等。

第二,对工作、劳动或学习的态度特征:勤劳或懒惰,不断进取或安于现状,认真或马虎,仔细或粗心,创新或墨守成规,节俭或浪费,等等。

第三,对自己的态度特征:谦虚或骄傲,自尊或自卑,严于律己或放任自己,等等。一个人对现实的态度体系和行为方式,体现了性格的本质特点,人们正是从这些特点出发去认识和把握一个人性格的本质,从而对其性格的优劣做出质的评价。

2. 意志特征

性格的意志特征是指一个人在调节自己的心理活动时所表现出的心理特征。独立性或冲动性、目的性或盲目性、纪律性或散漫性,体现的是对目标明确程度的特征;自制或任性、善于约束自己或盲目行动,体现的是对行为自控能力的特征;恒心与毅力、坚韧不拔或见异思迁、半途而废,体现的是对自己做出决定与执行力方面的特征;勇敢或胆小、果断或优柔寡断、镇定或紧张,体现的是应急状态的特征。性格的意志特征是性格的外显行为,也是性格的重要内容,主要表现在个人对自己行为的自觉的调节方式和水平:如易受暗示与干扰,纪律性或散漫性,主动的或被动的,明确或盲目,独立自主或易冲动,有恒心或忽冷忽热,有坚韧性或脆弱性,能自我控制或缺乏自律,冷静或怯懦,沉着镇定或惊慌失措,果断或优柔寡断,等等。

3. 情绪特征

性格的情绪特征是指个人在情绪活动中表现出来的强度、稳定性、持久性以及主导心境方面的特征。"情绪强度"主要表现为有些人对事物的情绪、情感体验非常强烈且明显,特别容易受到事物刺激与氛围的影响,而有些人的反应却比较微弱且不明显,情绪、情感体验不容易表现出来,不易受到他人的感染。"稳定性"指情绪的起伏和波动程度,主要表现为有些人情绪容易波动,幅度大,而有些人则不易波动且波动时幅度比较小。"持久性"指的是情绪体验时间的长短以及由此带来的对身体、工作及生活的影响,主要表现为有些人情绪体验小,时间短,对人的影响不大,而有些人情绪体验强烈,时间长,对工作、生活以及身体都会带来不同程度的影响。

4. 理智特征

性格的理智特征是人与人之间在认识活动中所表现出来的差异，这与能力特征不一样，它不反映认知活动的水平差异，仅表现为认知的风格差异。

5. 气质特征

性格的气质特征主要表现为一个人的脾气。就自然性质而言，气质是性格的基础，但在个体身上，气质总是受到性格的制约并被性格所改造，因而气质特点便成了个体性格的气质特征。

这五大特征构成了一个人性格的整体结构。一方面，各大特征互相联系、互相影响；另一方面，它们又各自具有相对独立性。它们在不同人身上，有不同的排列组合。正像把有限的乐谱符号按不同方法进行排列组合，可以谱写出千变万化、奥妙无穷的音乐篇章一样。性格的五大特征在不同的人身上进行不同的排列组合，形成了千差万别的性格。

性格的情绪、理智、气质特征不是性格的本质特征，只决定性格的心理风格或情绪特点，是性格的外化表现。这些特点通常与人的生理因素——气质，即大脑神经活动类型有关，具有一定的先天赋予的成分，并不从本质上决定一个人性格的优劣。

六、性格的塑造与优化

1. 优化性格的目标、方法

第一，要培养正确的自我意识，自我意识的核心是"三观"。正确认识自己及自己与周围世界的关系，具有自尊心、自信心、进取心，克服和消除自负、自傲或自卑乃至自暴自弃，进而形成正确的人生意识、价值意识。

第二，要追求较高的目标，特别是人生目标，改变进大学后由于目标失落而无所事事、不思进取，或因目标过高过多、力不能及而造成的自尊与自卑相交织的矛盾心理，纠正自己偏离成才目标的各种行为。

第三，自觉做好自己应做的事，并对自己的行为后果负责，形成较强的责任感，克服凭兴趣办事敷衍塞责的行为。

第四，努力培养恒心与毅力，勇于克服困难、积极应对挫折，坚持不懈地朝既定的目标努力，避免浅尝辄止，半途而废。

第五，增强自控力，正确选择、控制、调节、修正自己的行为，达到成才目标，减少冲动和依赖、等待、随心所欲等不良行为。

正确的自我意识是成才的决定性因素，形成良好习惯、性格的最明显的外部表现就是习惯化了的行为方式。人是具有习惯性的动物，习惯会形成个性，它能使人在典型环境中做出某种模式化的反应，以形成区别于他人的外显特质。重复某种行为直至形成习惯是性格形成的重要心理机制，因此，从小事入手是形成良好习惯的捷径，关键要抓住三点：一是适合自己的特点，不能照搬别人的经验；二是从每天必干之事入手，坚持反复练习，直到形成相应的行为；三是制订出具体练习指标与措施，便于操作和检查。

英国作家萨克雷说:"播种行为,收获习惯;播种习惯,收获性格;播种性格,收获命运。"优秀的性格和钢铁般的意志比智慧和博学更为重要,智力上的成就在很大程度上依赖于性格的伟大,这一点超出了人们通常的认识。

2. 根据不同性格类型确定塑造目标

(1)内向型性格的塑造目标:①积极地进行交际;②坚持自己的步调;③培养决断能力;④钻出牛角尖寻求解决方案,世界上的路有无数条,这条走不通还有下一条;⑤学会表现自我。

(2)外向型性格的塑造目标:①应节制过于频繁的社交,八面玲珑的人没有时间和兴趣专注于自己的工作,社交不是人生的全部;②周密思考,注意细节,培养耐力;③避免简单化,人生并不是黑白分明的,多照照镜子,批评自己一下,多抽出时间读书;④勤思考,专注一下自我;⑤应结交内向型的朋友,取长补短。

3. 内向性格勿自卑

在今天的社会中,似乎那些外向、圆滑的人比内向、沉静的人更占优势。性格外向的人口齿伶俐、善于交际;性格内向的人不善交际。于是,有些人认为:内向的性格不好,会给生活、工作造成困难。更严重的是,好些内向的人不适应社会,有内向性格的人也是这样认为的,他们为自己的性格内向而苦恼,为未来的就业和职业前途而担忧。其实,内向的人习惯沉浸在个人的思考中,他们耐心谨慎、自制力强、平易近人,他们的朋友也往往都是知心朋友。

七、性格与气质的关系和区别

1. 性格与气质的关系

气质和性格虽是不同的心理特征,但又密不可分,在人们的日常行为中,气质和性格总是相互渗透、彼此制约,作为一个整体面表现出来。气质是性格的生理基础,具有先天性、稳定性,不易改变。性格乃后天铸成,性格对气质有制约作用,气质会被性格改造。

2. 性格与气质的区别

气质影响性格特征的表现方式,使一个人的性格表现具有外在的独特色彩和风格。例如,同样是具有勤奋特征的性格类型,胆汁质类型的人往往表现在一股"猛劲"上,有一种顽强拼搏、猛打猛冲的风格,黏液质类型的人则常常表现在"韧劲"上,有一种持之以恒、锲而不舍的色彩。

气质影响某些性格特征的形成速度。例如,在同样条件下要形成遵守纪律的性格特征,黏液质类型的人要比多血质类型的人容易些,而要形成勇敢的性格特征,胆汁质类型的人又要比抑郁质类型的人更快些。

许多研究表明,个体的某些气质特点有利于某种能力的发展,而有的则有碍于某些能力的发展。一项实验研究表明,弱型气质组完成勾掉随机排列的字母表上的字母的成绩高于强型气质组,而强型气质组在记录声音信号中出错的次数的工作中的成绩高于弱型气质组。气质类型相异的人配合工作比气质类型相同的人配合工作能取得更好的成绩。

因此,无论内向或是外向,都有其优势和长处,又都有其弱势与缺陷。正像我们无法评价是米好吃还是面好吃一样。在实际生活中,我们不是常常既吃米又吃面吗?

【心理加油站】

成长感悟

我们总是希望与那些热情、友善、谦虚的人相处,也总是对那些严于律己、坚决果断、光明磊落的人充满好感,这正是性格的魅力所在。

性格是一个人道德品质的集中反映,是理想和追求的外部表现,是一个人灵魂的折射。如何完善与优化性格是人生一大重要课题,诚挚地希望大学生朋友远离自我中心与懒散,从小事入手,不断锤炼自己的意志品质,优化自己的性格,在成长中成才,做一个正直的、有学识的人,做一个散发个性魅力的人。

第二节　自我兴趣及能力探索

【案例导入】

英国著名生物学家、动物行为学家珍妮·古道尔从小就喜欢生物,11岁的时候接触到一本书——《生活在丛林中的人猿泰山》,由此对黑猩猩产生了强烈的兴趣,她开始痴迷于这个丛林之王。为了解他们的生活和行为,1960年,26岁的她只身来到在周围人看来是一片黑暗、充满野兽的非洲丛林。刚到森林的时候,她吃尽了苦头。她说:"它们抓我的衣服,打我的脑袋,用树枝和石块砸我。"但是经过长期的跟踪,她逐渐赢得了黑猩猩的信任,那些可爱的黑猩猩甚至大摇大摆地闯入她的帐篷,找她要香蕉吃。她与黑猩猩一起生活了20多年,通过研究黑猩猩的习性,她发现黑猩猩会组成相互合作的捕猎团体,会制造、使用简单的工具……古道尔收集了大量的数据和资料,出版了几十本著作,为人类揭开黑猩猩的秘密做出了杰出的贡献。

上面的故事告诉我们,兴趣可以使人集中注意力,产生愉快紧张的心理状态,而且对所从事的活动印象深刻;兴趣是一种无形的动力,当我们对某件事情或某项活动感兴趣时,就会很投入,有利于提高工作的质量和效果。

美国芝加哥大学心理学教授米哈利花30多年的时间对几百位各行各业的人进行了访谈,以研究"是什么东西真正令人感到幸福和满足"。米哈利教授将这种状态称为"flow"(原意是"流动",这里是"沉浸"或"忘我"的状态)。

米哈利的发现说明:人们的满足感、幸福感往往来源于从事某种活动,而不是无所事事或单纯的享乐游玩。而这也正是工作原本的意义所在。

兴趣的发生和发展一般要经历这样一个过程:有趣—乐趣—志趣。

有趣是兴趣的第一个阶段,也是兴趣发展的低级阶段,它往往短暂易逝,非常不稳定。处于这一阶段的兴趣常常与你对某一事物的新奇感相联系,随着新奇感的消失,兴趣也会自然而然地逝去。

乐趣又称为爱好,是兴趣的第二个阶段,它是在有趣的基础上发展而成的,比较稳定、专业和深入。

志趣是兴趣的高级阶段,当人的爱好与社会责任、理想、奋斗目标结合起来时,乐趣就变成了志趣。

一、兴趣的定义

兴趣是人认识某种事物或从事某种活动的心理倾向,它是以认识和探索外界事物的需要为基础的,是推动人认识事物、探索真理的重要动机。兴趣有直接的,也有间接的,获得知识的兴趣是直接的,为了获得知识而学外语的兴趣则是间接的。兴趣有个体在长期生活中逐渐形成的,也有在一定的情景下由某一事物偶然激发出来的。

著名知觉学家吉布森曾经指出:早期婴儿由知觉和注意指引的行为在没有任何学习的情况下就可以产生。人类婴儿在出生后就显示出了对外界物理刺激或社会性刺激的反应倾向,因而它一方面被认为是动物的感情性唤醒状态在人类身上的延续(兴趣被认为是由低等动物的趋避行为逐渐内化成的一种脑的状态),另一方面被认为是人类兴趣和好奇心的内在来源。

人格心理学家阿尔波特认为人类有一种"自主性功能"——兴趣,兴趣是感情状态,而且处于动机的最深水平,它可以驱策人去行动。早期婴儿对外界新异刺激的反应就是由兴趣这种内在动机驱策的身体运动兴趣。从婴儿出生就以机体的功能表现出来,婴儿的看、听,以及发出声音和动作都是兴趣情绪所激起和指导着的;兴趣还支持着感觉与运动之间的协调和运动技能的发展,为生长和发育打下基础;缺乏兴趣这类感情性唤醒会导致严重的智力迟钝或冷漠无情。

赫尔巴特对兴趣的心理状态做过分析。他认为在兴趣状态下可以产生两种心理活动:一种是"专心",它是一种"集中于任何主题或对象而排斥其他思想"的心理活动;另一种是"审思",它是关于"追忆与调和意识内容",即协调、同化新旧观念的一种统觉活动。他认为只有通过审思活动,把那些被专心活动所接受的新观念与儿童原有的观念调和起来,才能保证儿童意识的统一性,因此,审思活动应当在专心活动后进行。专心活动和审思活动的交替进行,就构成了所谓的"精神呼吸活动"。他认为:"人必须有许多这种无数的变迁,然后一个人才有丰富的审思活动,并有能力完全随自己的意思进入每一种专心活动,如此才称为多方面的。"

二、兴趣的种类

人的兴趣是多种多样的,但概括起来又可以分为三大类:

第一,物质兴趣和精神兴趣。物质兴趣主要指人们对舒适的物质生活(如衣、食、住、行等方面)的兴趣和追求;精神兴趣主要指人们对精神生活(如学习、研究、文学艺术、知识)的兴趣和追求。就大学生来说,由于人生观和世界观尚未完全形成,无论物质兴趣和精神兴趣都需要师长进行积极的引导,以防止在物质兴趣方面的畸形发展,在精神兴趣方面的消极发展和追求。

第二,直接兴趣和间接兴趣。直接兴趣是指对活动过程的兴趣。例如,有的大学生想象力丰富,富于创造性,喜欢制作各种模型,在制作过程中,全神贯注,表现出浓厚的兴趣;间接兴趣主要是指对活动过程所产生的结果的兴趣。有的大学生业余喜欢绘画,每当完成一幅画,他都会对自己取得的成果表现出极大的兴趣。直接兴趣和间接兴趣是相互联系、相互促进的,如果没有直接兴趣,制作各种模型的过程就会很乏味、枯燥;而没有间接兴趣的支持,也就没有目标,过程就很难持久下去,因此,只有把直接兴趣和间接兴趣有机地结合起来,才能充分发挥一个人的积极性和创造性,才能持之以恒,目标明确,取得成功。

第三,个人兴趣和社会兴趣。个人兴趣是个体对特定的事物、活动及人为对象所产生的积极的和带有倾向性、选择性的态度和情绪;社会兴趣是指社会成员对某一领域的普遍兴趣,或社会某一领域对社会成员的普遍需求。

三、大学生自我兴趣探索的意义

兴趣对一个人的个性的形成和发展、对一个人的生活和活动有巨大的作用,这种作用主要表现在以下几个方面:

第一,对未来活动的准备作用。例如,对于一名大学生来说,对化学感兴趣,就可能激励他积累各种化学知识,研究各种化学现象,为将来研究和从事化学方面的工作打基础,做准备。

第二,对正在进行的活动起推动作用。兴趣是一种具有浓厚情感的志趣活动,它可以使人集中精力去获得知识,并创造性地完成当前的活动。美国著名华人学者丁肇中教授就曾经深有感触地说:"任何科学研究,最重要的是要看对自己所从事的工作有没有兴趣,换句话说,也就是有没有事业心,这不能有任何强迫。……比如搞物理实验,因为我有兴趣,我可以两天两夜、甚至三天三夜在实验室里,守在仪器旁,我急切地希望发现我所要探索的东西。"正是兴趣和事业心推动了丁教授所从事的科研工作,并使他获得巨大的成功。

第三,对活动的创造性态度的促进作用。兴趣会促使人深入钻研、创造性地工作和学习。就大学生来说,对一门课程感兴趣,会促使他刻苦钻研,并且进行创造性的思维活动,不仅会使他的学习成绩大大提高,而且会大大地改善学习方法,提高学习效率。

由此可知,人的兴趣不仅是在学习、活动中发生和发展起来的,而且又是认识和从事活动的巨大动力。它可以使人的智力得到开发,知识得以丰富,眼界得到开阔,并会使人善于适应环境,对生活充满热情。兴趣确实会对人的个性的形成和发展起到巨大的促进作用。

四、兴趣的特征

兴趣是一种无形的动力,当我们对某件事情或某项活动感兴趣时,就会很投入,而且印象深刻。每个人都会对他感兴趣的事物给予优先的注意和积极的探索。例如,对美术感兴趣的人,对各种油画、美展、摄影都会认真观赏、评点,对好的作品进行收藏、模仿;对钱币感兴趣的人,会想尽办法对古今中外的各种钱币进行收集、珍藏、研究。

(1)兴趣不只是对事物的表面的关心,任何一种兴趣都是由于获得这方面的知识或参与这种活动并使人体验到情绪上的满足而产生的。例如,一个人对跳舞感兴趣,他就会主动、积极地寻找机会去参加相关活动,而且在跳舞时感到愉悦、放松和乐趣。

(2)兴趣不只是与个人的认识和情感密切联系。如果一个人对某项事物没有认识,也就不会产生情感,因而也就不会对它产生兴趣。相反,认识越深刻,情感越丰富,兴趣也就越深厚。例如集邮,有的人对集邮很入迷,认为集邮既有收藏价值,又有观赏价值,它既能丰富知识,又能陶冶情操,而且收藏得越多,越丰富,就越投入,情感越专注,越有兴趣,就会发展成为一种爱好。兴趣是爱好的前提,爱好是兴趣的发展和行动,爱好不仅是对事物的优先注意和向往,而且表现为某种实际行动。例如,对绘画感兴趣,由喜欢观赏发展为自己动手学绘画,就会将绘画作为爱好。

(3)兴趣和爱好是受社会性制约的,不同环境、不同阶级、不同职业、不同文化层次的人,兴趣和爱好都不一样。有的人兴趣和爱好品位比较高,有的人兴趣和爱好品位比较低,兴趣和爱好品味的高低会直接影响和表现一个人的个性特征的优劣。例如,对公益活动感兴趣,乐于助人,对高雅的音乐、美术有兴趣和爱好,反映了一个人个性品质的高雅;反之,对占小便宜感兴趣,对低级、庸俗的文艺作品有兴趣和爱好,则表现了一个人个性品质的低级。

(4)兴趣和爱好有时会受遗传的影响,父母的兴趣和爱好会对孩子有直接的影响。

(5)年龄的变化和时代的变化也会对人的兴趣产生直接的影响。就年龄方面来说,少儿时期往往对图画、歌舞感兴趣,青年时期对文学、艺术感兴趣,成年时往往对某种职业、某种工作感兴趣。它反映了一个人随着年龄的增长、知识的积累,兴趣的中心在转移。就时代来讲,不同的时代、不同的物质和文化条件,也会对人的兴趣的变化产生很大的影响。但不管人的兴趣是什么,都是以需要为前提和基础的,人们需要什么就会对什么产生兴趣。由于人们的需要包括生理需要和社会需要或物质需要和精神需要,因此人的兴趣也同样表现在这两个方面。人的生理需要或物质需要一般来说是暂时的,容易满足。例如,人对某一种食物、衣服感兴趣,吃饱了、穿上了也就满足了;而人的社会需要或精神需要却是持久的、稳定的、不断增长的,如人际交往、对文学和艺术的兴趣、对社会生活的参与是长期的、终生的,并且不断追求的。兴趣是在需要的基础上产生的,也是在需要的基础上发展的。大学生需要知识,他的知识越多,他的兴趣也就越广泛、越浓厚。

五、兴趣培养

兴趣是指一个人力求认识某种事物或从事某种活动的心理倾向。例如,一些体育迷,一谈起体育便会津津乐道,一遇到体育比赛便想一睹为快,对电视中的体育节目特别迷恋,这就是对体育有兴趣。一些老京剧票友,总喜欢谈京剧、看京剧,一遇京剧就来劲,这就是对京剧有兴趣。所谓"打锣卖糖,各爱各行",就是说人们的兴趣是多种多样、各有特色的。在实践活动中,兴趣能使人们明确工作目标、积极主动,从而能自觉地克服各种艰难困苦,获取工作的最大成就,并能在活动过程中不断体验成功的愉悦。

那么,怎样培养良好的兴趣呢? 培养兴趣的方法很多,主要有以下几种:

1. 增加知识储备是培养兴趣的基础

知识是兴趣产生的基础条件,因而要培养某种兴趣,就应有某种知识的积累,如要培养写诗的兴趣,就应先接触一些诗歌作品,体验一下诗歌美的意境,了解一点写诗的基本技能,这样就可能诱发出诗歌习作的兴趣来。可以说,知识越丰富的人,兴趣也越广泛;而知识贫乏的人,兴趣也会是贫乏的。

2. 开展有趣活动,培养直接兴趣

所谓直接兴趣就是人对事物或活动本身的外部特征产生的兴趣,是学生对新鲜事物或内容在感官上产生的一种新异的刺激。这种刺激反应表现强烈但比较短暂。我们每上一堂新课,学生往往表现出极大的兴趣,但上了复习课,学生的兴趣就大不如前,有的甚至随着教学的深入、难度的增加,失去了兴趣。直接兴趣是对活动本身感兴趣,要培养这种兴趣,应使活动本身丰富而有趣。例如,有趣的游戏活动,能引起幼儿参与群体活动、体验社会角色的兴趣;新颖的教学内容和有趣的教学方法,能激起学生学习知识的兴趣;生动的课外实践活动,能培养学生学习实践操作、动手动脑、发明创造的兴趣;开展劳动竞赛、体育比赛、文体活动,能激发学生对劳动、学习、体育、文体活动等的热情与兴趣。

3. 明确目的意义,培养间接兴趣

所谓间接兴趣就是人对活动的结果及其重要意义有明确认识之后所产生的兴趣。这种兴趣是由于认识到学习的意义和价值而引起了求学的状态,既有理智色彩,与个人的指向密切连带,又有持久的定向作用,且不会偶遇挫折便轻易放弃。在教学中我们也不难发现这样的情形:教一个班的学生打篮球,刚开始学时大家同样表现出很高的热情,但遇到相对枯燥一点的练习,有些学生会表现出不耐烦的样子,注意力开始不集中,感觉篮球也没有那么好玩;而参加过篮球训练,经历过重要篮球比赛洗礼的学生则并不因此而感到无趣,相反对他来说学起来更有挑战性,也会因更能提高自己球技而感到有意义。这就是直接兴趣和间接兴趣的最大区别。间接兴趣是对活动的结果或意义感兴趣,因而,要培养人们间接稳定的兴趣,就应让人们明确活动的目的与意义。

直接兴趣与间接兴趣,我们应当追求哪一种呢?毫无疑问是后者。在教学中其实很多人并没有认识到兴趣的真正内涵。一般只是发展了学生的直接兴趣,这种兴趣更多的是靠学生的本能,老师不需要花太多的功夫就能激发。也有教师为了满足学生的直接兴趣采用"放羊"式的教学方式,其实这是非常不可取的,这种方式不能有效地培养学生的间接兴趣。实践可以看到,"放羊"放到最后多数学生参与体育活动的积极性下降,不是去聊天就是回教室做作业。从直接兴趣过渡到间接兴趣是有一个过程的,这就是教师教授的过程,也是学生通过反复甚至枯燥的练习掌握技术、提高技能的过程。当学生利用自己掌握的技能去获得运动和成功的快感,感受到体育运动的无穷魅力,他就能对此项技能的意义产生认知,那么就能使直接兴趣和间接兴趣发生迁移,学生的兴趣才能真正地建立起来。

看来,兴趣的激发主要在于大学生的直接兴趣,而培养针对的是大学生的间接兴趣。我们平时往往重视了大学生的直接兴趣而忽略了他们的间接兴趣,导致大学生的兴趣并没有真正地建立起来,如大学生喜欢体育而不喜欢体育课就是这样。

4.根据自身的兴趣特点,培养优良的兴趣品质

由于人所处的环境、所受的教育及主体条件各不相同,因此学生的兴趣都带有个性特点,要根据自身条件进行兴趣爱好的自我培养。例如,有的人兴趣广泛而不集中,就应加强中心兴趣的培养;有的人兴趣单一而不广泛,就应加强兴趣广泛性的培养;有的人兴趣短暂易变,就应加强兴趣稳定性的培养;有的人兴趣消极被动,就应加强兴趣效能性的培养;有的人兴趣在网络世界,容易沉迷,那么就要加强引导,同时又要注意培养这些年轻人高尚的人格。

[实践活动]

我的兴趣探索练习

请列举出三种你非常感兴趣的职业(摒除所有现实的考虑)。这些工作中的哪些特征吸引着你?

回忆三个令你感到快乐(满足)的经历。请详细描述这三个画面,并回答是什么令你感到如此快乐?

平时你最爱看哪类报纸、杂志或电视?看得最多的是哪个板块?里面的什么内容比较吸引你?

最爱听的讲座?里面有什么东西吸引你?

最喜欢的课程?为什么喜欢?

最爱浏览什么网站与网页?最爱浏览的内容是什么?

做什么事情经常会让你忘记时间?

通常寒暑假你会做什么？为什么？

平时喜欢参加哪些运动？为什么？

报名参加了哪些社团？为什么参加？

你的答案里有什么共同点吗？是否可以归纳为某种主题或关键词？

六、大学生兴趣与职业选择

1. 霍兰德职业兴趣理论（人职匹配理论）

约翰·霍兰德是美国约翰斯·霍普金斯大学心理学教授，美国著名的职业指导专家。他于1959年提出了具有广泛社会影响的职业兴趣理论。他认为人的人格类型、兴趣与职业密切相关，兴趣是人们活动的巨大动力，凡是具有职业兴趣的职业，都可以提高人们的积极性，促使人们积极地、愉快地从事该职业，且职业兴趣与人格之间存在着很高的相关性。霍兰德的职业兴趣理论主要从兴趣的角度出发来探索职业指导的问题，他明确提出了职业兴趣的人格观，使人们对职业兴趣的认识有了质的变化。

霍兰德的理念是：人的内在本质必须在职业生涯的领域中得到充分扩展。他的理论就是协助当事人从迷惑中找到的立命之所。

2. 霍兰德职业兴趣内容

霍兰德认为人格可分为现实型（realistic）、研究型（investigative）、艺术型（artistic）、社会型（social）、企业型（enterprising）和常规型（conventional）六种类型（表3-3）。

表3-3 霍兰德职业兴趣

现实型（R）	喜欢具体的任务 工具使用、动手能力强 喜欢做体力工作、户外活动 更喜欢与物打交道 技术性行业工作人员 工程师、木匠、外科医生
研究型（I）	喜欢探索和理解事物 爱分析 有智慧 独立、谨慎、好奇、聪明、理性、深邃、内敛 实验室研究员、科学家、智者
艺术型（A）	喜欢自我表达 富有想象力、创造力 追求美 喜欢多样性与变化性 直觉、无秩序、情绪化 艺术家、诗人、自由职业者

续表

社会型(S)	对人感兴趣 良好的人际交往技能,敏感的关系体验 服务他人、微笑 帮助别人解决问题 合作、友善、仁慈、负责、善解人意 教师、护士、心理咨询师
企业型(E)	向人推销自己的产品或观点 追寻领导力与社会影响 有抱负,责任感强烈,勇于承担压力 言语说服能力强 冒险、独断、自信、精力充沛、乐观 销售、管理人员、政治家、律师、思想领袖
常规型(C)	喜欢有条理、程序化的工作 愿意听从指示,乐于执行与服务 有组织、有计划 细致、准确 顺从、谨慎、保守、规律、实际、有效率 会计、文秘、档案管理、信息整理

兴趣测试:兴趣岛游戏

恭喜你!你获得了一次免费度假游的机会,有机会去下列 6 个岛屿之一。唯一的要求是你必须在这个岛上待满至少 6 个月的时间。请不要考虑其他因素,仅凭自己的兴趣按一、二、三的顺序挑出你最想前往的 3 个岛屿,并简要说说你在岛上 6 个月的生活计划。

1 号岛:自然原始的岛屿。岛上自然生态保持得很好,有各种野生动物。居民以手工见长,他们自己种植花果蔬菜、修缮房屋、打造器物、制作工具,喜欢户外运动。

2 号岛:深思冥想的岛屿。有多处天文馆、科技博览馆及图书馆。居民喜好观察、学习,崇尚和追求真知,常有机会和来自各地的哲学家、科学家、心理学家等交换心得。

3 号岛:美丽浪漫的岛屿。充满了美术馆、音乐厅,街头雕塑和街边艺人,弥漫着浓厚的艺术文化气息。居民保留了传统的舞蹈、音乐与绘画,许多文艺界的朋友都喜欢来这里找寻灵感。

4 号岛:友善亲切的岛屿。居民个性温和、友善、乐于助人,社区均自成一个密切互动的服务网络,人们重视互助合作,重视教育,关怀他人,充满人文气息。

5 号岛:显赫富庶的岛屿。居民善于企业经营和贸易,能言善道。经济高度发展,处处是高级饭店、俱乐部、高尔夫球场。来往者多是企业家、经理人、政治家、律师等。

6 号岛:现代井然的岛屿。岛上建筑十分现代化,是进步的都市形态,以完善的户政管理、地政管理、金融管理见长。岛民个性冷静保守、处事有条不紊,善于组织规划,细心高效。

你总共有 15 秒钟时间回答以下问题:

(1)如果你必须在 6 个岛之一生活一辈子,成为这里岛民中的一员,你第一会选择哪一个岛?

(2)你第二会选择哪一个岛?

(3)你第三会选择哪一个岛?

(4)你无论如何都不愿意选择哪一个岛?

依次记下答案,并与结果进行比对:6 个岛屿代表 6 种典型的职业生涯兴趣类型;第一个是主要兴趣,第二、第三个是辅助兴趣(表3-4)。

表 3-4　兴趣岛类型列表

1 号岛	实用型(R)	工程师、技术员;机械操作、维修、安装工人,矿工、木工、电工、鞋匠等;司机、测绘员、描图员;农民等
2 号岛	研究型(I)	自然科学和社会科学方面的研究人员、专家;化学、冶金、电子、无线电、电视、飞机等方面的工程师、技术人员;飞机驾驶员、计算机程序设计员等
3 号岛	艺术型(A)	音乐、舞蹈、戏剧等方面的演员、艺术家、编导、教师;文学、艺术方面的评论员;广播节目的主持人、编辑、作者;绘画、书法、摄影家;艺术、家具、珠宝、房屋装饰等行业的设计师等
4 号岛	社会型(S)	教师、医生、护士、公关人员、销售、慈善工作者、志愿者、心理学工作者、社会活动家等
5 号岛	企业型(E)	经理企业家、政府官员、商人、行业部门和单位的领导者、管理者等
6 号岛	常规型(C)	会计、出纳、统计人员;打字员;办公室人员;秘书和文书;图书管理员;旅游、外贸职员、保管员、邮递员、审计人员、人事职员等

大学生仍然处在生涯发展的"探索期",重要的不是得出某个确定的职业结果,而是以兴趣类型作为自己探索和定位的参考依据。兴趣是后天学习的结果,不要将兴趣测评的结果作为结论,而应当将其视为对以往学习经验的总结和对未来发展的指导。客观看待测评结果,不要绝对化,做兴趣测试的目的是帮助你增进对自我及世界的认识,拓宽在职业前景上的思路,为未来发展提供方向性的指导,而不是限定自己的发展。

七、什么是能力

【案例导入】

新龟兔赛跑

兔子想取笑乌龟,于是要跟乌龟比赛,结果兔子输了。兔子不服:"这次是我睡着了,你敢再比一次吗?"于是乌龟与兔子比了第二次,这回兔子赢了。

乌龟说:"我们还能再比一次吗? 这回由我选择目的地。"于是它们开始了第三次比赛。兔子领先跑到一半的时候被一条大河挡住了,但终点却在河的对面,这次乌龟又赢了。从此,兔子再也不敢小看乌龟了。

以上故事中,龟兔第三次赛跑各自都很用心,但由于在特殊环境中的能力不相同,因此结果也发生了意想不到的变化。能力是现在社会的核心竞争力,当代大学生存在很多困惑:我能做什么工作,能做好什么工作? 一些大学生不知道自己究竟擅长什么,想做什么,不清楚自己是否适应已学的专业;不知道自己适合什么,如果有幸找到一份工作,不知道是否能胜任;最重要的是能否找到一份工作,怎么找;不确定工作以后再考研是不是很困难?

1. 定义

能力就是一个人相对于某事物而言,能够给此事物创造的利益,能够给此事物创造的利益的大小,就是此人相对于该事物而言能力的大小,是人们成功完成某种活动所必须具备的个性心理特征。能力包含两方面的内容:一是 ability,指现有的水平、已有的能力;二是 aptitude,指潜力和可能性能力,它表现在各种活动中,并在活动中得到发展。如绘画能力只在绘画活动中体现和发展;管理能力也只在管理活动中体现和发展,在亲密关系中并不适用。能力的产生和发展与社会生活是分不开的。

心理家斯特朗曾将兴趣、能力与成就之间的关系比作一艘带有舵和马达的船:马达(能力)决定船的行进速度,舵(兴趣)决定船的行进方向,成就好比是这艘船在一定时间、一定方向上行进的距离,这是由马达和舵的共同作用决定的。能力倾向是一些对于不同职业中的成功,在不同程度上有所贡献的心理因素。它们是各自比较稳定的、单一的独立因素。

能力素质模型也称胜任力模型,是指担任某一特定的任务角色所需要具备的能力素质的总和。它是由美国著名的组织行为研究者大卫·麦克利兰提出"能力素质"概念之后逐步发展起来的。麦克利兰将能力素质界定为能明确区分在特定工作岗位和组织环境中杰出绩效水平和一般绩效水平的个人特征。

能力包括两方面内容:一是实际表现出来的能力;二是个体潜在的能力。

2. 能力与活动的关系

(1)人的能力只有在活动中才能表现出来,也只有在活动中才能形成和发展一个人的能力。

(2)从事某项活动时必须有一定的能力作为条件和保证。

(3)能力不是完成活动的全部心理条件,而是直接有效的条件,还有其他心理条件的作用,也就是说,在完成某项活动时所表现出来的心理特征并不都是能力。

(4)顺利完成某项活动,不是某种单一能力能胜任的,而是需要多种能力的配合。

3.能力与才能、天才的关系

（1）才能是指在完成某种活动时，各种能力的独特结合。例如，数学才能就是数学概括能力和数学分析能力的独特结合。

（2）天才是指在能力独特结合的基础上，使人能顺利地、独立地、创造性地完成某些复杂的活动，天才是能力高度发展的表现。

（3）天才不是天生的，是在优良的遗传素质基础上，通过后天正确的教育，再加上自己的勤奋、努力，以及良好的社会历史条件而形成的。

4.能力与知识、技能的关系

知识是人脑对客观事物的主观表征，它有不同的形式：一种是陈述性知识，即"是什么"，如北京是中国的首都，埃菲尔铁塔在法国；另一种是程序性知识，即"如何"，如如何骑马、如何开车、如何组装计算机。技能是通过练习而获得的动作方式和动作系统。技能有时表现为一种操作活动方式，有时表现为一种心智活动方式。操作技能是由机体运动实现的，其动作的对象为物质性的客体，即物体；心智技能通常是借助内在的智力操作来实现的，其动作对象为事物的信息，即观念。知识和技能是能力的基础和基本组成部分，但只有那些能够广泛应用和迁移的知识和技能，才能转化成为能力。反过来，能力的高低又会影响到知识、技能的掌握。因此可以说，能力既是掌握知识、技能的结果，又是知识和技能水平发展的前提。

（1）知识的掌握，有助于技能的形成，而知识的掌握和技能的形成，又能推动和促进能力的发展。

（2）能力是掌握知识、技能的基本前提，如果一个人没有视觉能力，就不可能获得关于颜色的知识以及使用颜色的技能。

（3）能力影响知识、技能的掌握和形成过程。能力高的人，获得知识、技能比较容易，能力低的人，获得知识、技能比较困难。

八、影响能力发展的因素

1.素质（自然基础）

素质是有机体天生具有的某些解剖和生理的特征，主要是神经系统、脑的特征以及感官和运动器官的特性，还包括智力和体力素质。

2.知识和技能（体现和源泉）

知识是人脑的经验系统，以思想内容的方式为人所掌握；技能是操作的技术，是对具体动作的掌握，以行为方式的形式为人所掌握。知识是能力形成的理论基础，技能是能力形成的实践基础。

3.教育（途径和方法）

教育是掌握知识和技能的具体途径，也是有效开发人的潜能的重要方法。

4.社会实践(检验、丰富和提高)

社会实践是教育的一种替代方式,它能促进与复杂性工作相关的能力的全面发展与完善。

5.勤奋(动力)

勤能补拙,天道酬勤。

6.兴趣(催化剂)

兴趣是人们力求认识某种事物或爱好某种活动的倾向。

九、能力的分类

人的能力各不相同,可以从不同角度分为:

(一)一般能力和特殊能力

1.一般能力

一般能力是指在不同种类活动中所共同表现出来的能力。

2.特殊能力

特殊能力是指在某种专业活动中所表现出来的能力。

一般能力是特殊能力的重要组成部分,没有一般能力,就不可能发展出特殊能力。同样,特殊能力的发展又对一般能力的发展有促进作用。

(二)模仿能力和创造能力

从能力表现出的创造性成分的多少,可将其分为模仿能力和创造能力。

1.模仿能力

模仿能力又称再造能力,是指人们通过观察他人活动和行为,然后以相同的方式作出反应的能力。模仿能力所表现出的创造性成分较低,但是,它却是个体早期获得知识、经验的重要手段。

2.创造能力

创造能力是指产生新的思想和新的产品的能力,所创造出的新思想和新产品应具有"首创性"(即第一次发现)、"独特性"(即同已有的东西不一样)和"社会价值"。衡量创造能力必须以这三点为标准。缺少任何一个,都是不完整的。

(三)实际能力和潜在能力

从能力测验的观点看,可以分为实际能力和潜在能力。

1. 实际能力

实际能力是指人们经过学习、训练和实践活动锻炼以后,已经达到的实际水平和能力程度。

2. 潜在能力

潜在能力是指人们将来有机会学习或接受训练后,可能达到的水平与程度,即可能发展的能力。

(四)智力形态论

1963 年,霍恩和卡特尔对塞斯顿的 7 个因素进行了第二因素分析,结果发现不是有一个而是有两个主要因素。一是流体智力:以生理活动为基础,受先天遗传因素影响较大,是发现复杂关系和解决问题的能力;二是晶体智力:以经验为基础的后天习得的能力,与社会文化有密切的关系,主要作用是处理熟悉的、已加工过的问题。卡特尔认为,流体智力是一个人生来就能进行智力活动的能力,即学习和解决问题的能力,它依赖于先天的禀赋;晶体智力则是一个人通过其流体智力所学到的并得到完善的能力,是通过学习语言和其他经验而发展起来的,晶体智力依赖于流体智力。

如果两个人具有相同的经历,而其中一个有较强的流体智力,那么他将发展出较强的晶体智力,然而一个有较高流体智力的人如果生活在贫乏的智力环境中,那么他的晶体智力的发展将是低下的或平平的。

流体智力 20 岁以后达到高峰,30 岁后随年龄增长而降低;而晶体智力一生一直在发展,25 岁之后发展速度趋缓。

十、能力的发展趋势

能力是顺利完成某种活动所必需的,并且直接影响活动效率的个性心理特征。能力的发展随年龄增长而变化,具有一定的规律性。

(1)童年期和少年期是某些能力发展最重要的时期。从三四岁到十二三岁,智力的发展与年龄的增长几乎等速。以后随着年龄的增长,智力的发展呈负加速增长,即年龄增加,智力发展趋于缓和。

(2)人的智力在 18~25 岁达到顶峰(也有人说是 40 岁)。智力的不同成分达到顶峰的时间是不同的。

(3)根据对人的智力毕生的发展研究,人的流体智力在中年之后有下降的趋势,而人的晶体智力在人的一生中是稳步上升的。

(4)成年是人生最漫长的时期,也是能力发展最稳定的时期。成年期又是一个工作时期。在 25~40 岁,人们常出现富有创造性的活动。

(5)能力发展的趋势存在个体差异。能力高的发展快,达到高峰的时间晚;能力低的发展慢,达到高峰的时间早。

美国心理学家贝利用贝利婴儿量表、斯坦福—比纳量麦和韦克斯勒成人智力量表等为工具,对同一群被试者从其出生开始做了长达36年的追踪测量,把测得的分数转化为可以互相比较的"心理能力分数",如图3-1所示。

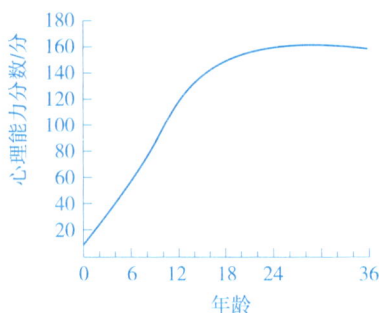

图3-1　智力成长曲线

从图3-1可见:

①智力在11～12岁以前是直线发展的,其后发展较缓慢;

②到20岁前后达到了顶峰,大致到26岁前后即保持水平状态直至36岁,不再增长;

③其他的研究也表明,人类的智力在35岁左右发展到顶峰,以后缓慢衰退,到60岁以后衰退速度极快。

这是一般人智力发展的趋势,但是个别差异也是非常显著的。例如,智力优异者不仅发展速度快,而且延续发展的时间也长;而智力落后者不仅发展缓慢,并且有提前停止发展的倾向,如图3-2所示。

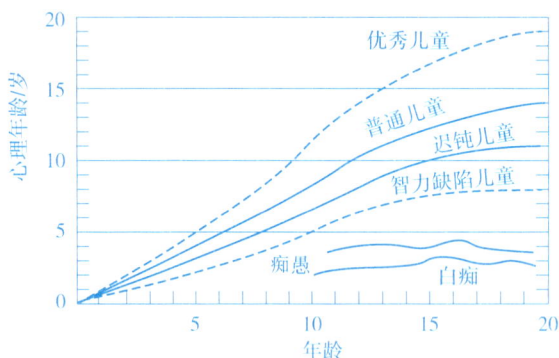

图3-2　不同智力的成长曲线

能力发展水平差异的表现如下:

智力超常:

智力特点——观察敏锐、全面、准确;记得快、多、准、久;想象丰富、有创造性;思维广阔、深刻灵活;注意集中、稳定;善于学习。

性格特点——求知欲强、喜欢寻根究底;兴趣广泛;勤奋;意志坚强、办事有始有终;有自信心,能愉快地学习。

智力落后：

白痴——智商为 25 以下，对刺激反应迟钝，不能进行意识活动，不能独立生活，需要监护。

痴愚——智商为 25～49，说话不清，词不达意，经过训练生活可以自理，但入学有困难。

愚钝——智商为 49～69，能上小学低年级，思维能力低，经过教育能独立生活，能从事简单劳动。

智力虽然作为整体而发展，但智力中各成分的发展速度是不同的。如图 3-3 所示，12 岁时知觉速度已发展到成人水平的 80%，而推理能力、词的理解力和词语运用能力等则要到 14 岁、18 岁和 20 岁以后才分别达到同一水平。有人对流体智力和晶体智力的发展研究表明，流体智力在中年以后开始下降，而晶体智力则在人的一生中都有稳定上升的趋势。

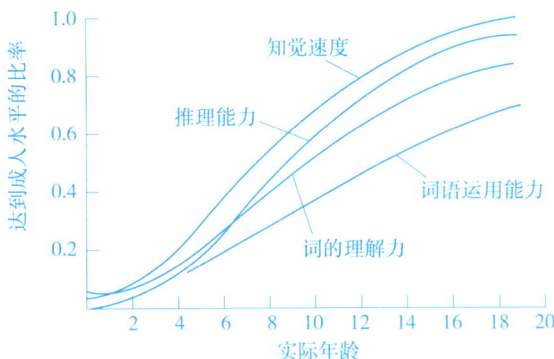

图 3-3　智力中不同因素的发展曲线

创造力的表现与智力不同。创造力的发挥主要在 30～40 岁。它因从事的领域而有差异，化学是 26～30 岁，诗歌是 25～28 岁，数学和物理学是 30～40 岁，心理学是 30～39 岁，技术发明是 30～40 岁，管弦乐、歌剧的作曲是 35～39 岁，绘画是 35～39 岁，小说创作（长篇小说）是 40～44 岁。因为创作长篇小说不仅需要足够的才能，还要有足够的知识经验。

当大多数 2 岁的小朋友在缠着爸爸妈妈要拥抱时，英国 2 岁小神童奥斯卡·瑞格雷就已经对古罗马时期的历史了如指掌。奥斯卡的智商超过了 160，堪比爱因斯坦。在他 2 岁 5 个月 11 天的时候，被全球高智商人俱乐部——"门撒国际"接纳为会员。奥斯卡 4 个月时就自己挑衣服，9 个月开始说话，一岁半就能背诵字母表，2 岁时已掌握数千个字母。

能力早晚差异很大，早熟：王勃——6 岁善文辞，10 岁能赋，13 岁写《滕王阁赋》；普希金——8 岁能用法文写诗；维拉（控制论创始人之一）——4 岁读专著，11 岁写论文，14 岁大学毕业，18 岁获哈佛大学博士学位。中年成才：1960 年前，1 243 位科学家的 1 911 项重大发明创造成功曲线表明，发明创造的最佳年龄在 35 岁左右。大器晚成：齐白石——小时候做木匠，40 岁投师学画，50 岁成为名画家；达尔文——经过 20 多年的努力，50 岁才写出《物种起源》。

汤浅光朝统计了 1901—1965 年诺贝尔物理学奖和化学奖获得者的年龄，他发现：物理学奖集中在 45～49 岁，化学奖集中在 50～54 岁，大部分人在 40～50 岁得奖。

佩尔兹和安德鲁斯的研究认为,科学家创造力的发挥有两个高峰期:第一个高峰期在30~40岁,第二个高峰期在55岁左右。成人中期(35~50岁)是从事科学创造最旺盛的时期,这时既具有知识经验的积累又具有创新能力(灵活性、独创性)。

迄今为止,科学史上最辉煌的关于天才的研究当首推由美国心理学家特尔曼主持的对1 528名天才儿童进行的长达50年的追踪研究。1976年,全美心理学会授予该研究成果为卓越科学贡献奖。

1921年,特尔曼从幼儿园、小学和中学选拔了1 528名高智商的儿童和少年,这些小神童平均智商为151分,其中80人智商高于170分。特尔曼及他的助手为这些小神童每人制作了十分详细的卡片,每隔5年,对这些小神童进行一次追踪调查,一直追踪了50年。1950年,超常儿童中的800名男性平均年龄40岁时,特尔曼将他们与随机抽取的800名男性做了对照研究,发现天才组共出版了著作67种,发表学术论文31 400多篇,文学作品2 000多篇,有47人被列入《美国科学家年鉴》。就总的贡献和成就而言,天才组远远高于随机抽样选出的800名男性,几乎多10~20倍。但天才组中也有20%的人没有超出一般人的成就,常人中也不乏获得高成就者。

由此,特尔曼得出了第一条结论:智力与成才具有重要的相关性,但不具有完全相关性。

特尔曼又对天才组的800名男性按成就大小排序,对成就最大的160人与成就最小的160人进行比较,发现两组被试者在智力上差不多,而在个性品质上差别很大,特别是在进取心、自信、坚持性、献身精神、超人勤奋、不屈不挠、坦率、诚恳等方面,高成就组十分突出,而低成就组基本不具备。

这样,特尔曼得出了第二条结论,即性格品质与成才具有密切相关性。两条来之不易的结论表明:能力、智力对于成才是重要的,但性格品质则是关键,具有决定性的作用。

这两条看似平凡的结论轰动了世界,动摇了人们的传统认识,世界上不少国家纷纷做实验进行证实,研究结果均支持了特尔曼的结论。

第三节　价值观与职业发展

【案例导入】

有5家企业招聘,你选择去哪家?

● 飞亚达集团

飞亚达集团注重学习型组织的建立,倡导快乐学习、快乐工作、快乐生活,提倡互相欣赏、互相合作,努力营造宽松舒适的工作氛围。

● 宝洁公司

宝洁公司把人才视为公司最宝贵的财富,通过内部培训与提升制度,提升员工对企业的归属感,让每个员工都拥有并实现梦想。

● 威胜仪表集团

威胜仪表集团坚持"以人为本"的管理理念,有较好的福利及就业保障,以事业成就人才,以合理的人力资源规划和政策配合企业的高速增长。

● 摩托罗拉

摩托罗拉以"尊重"为特征,尊重每一位员工的人格尊严,开诚布公,让每位员工直接参与对话,同心同德,发挥出员工的最大潜能。

● 东渡国际集团

东渡国际集团提出"内举不避亲,外举不避贤"的口号,使员工在公平、客观的环境下实现职业生涯的晋升,在企业文化及品牌塑造方面形成了自己独特的价值。

一、价值观的概念

价值观是指一个人对周围的客观事物(包括人、事、物)的意义、重要性的总评价和总看法。它一方面表现为价值取向、价值追求,能够凝结为一定的价值目标;另一方面表现为价值尺度和准则,成为人们判断事物有无价值及价值大小的评价标准。

人生价值是一种特殊的价值,是人活着的一种行为取向,是人的生活实践对于社会和个人所具有的作用和意义,是人对人生目的实践活动进行深层认识和评价时所持的基本观点和态度。由于对人生价值的追求,人才会思考选择什么样的人生目的,走什么样的人生道路,如何处理生命历程中个人与社会、现实与理想、付出与收获、身与心、生与死等一系列矛盾。人们总是有所取舍、有所好恶,对于赞成什么反对什么、认同什么抵制什么,总会有一定的标准。

人生价值就是人们从价值角度考虑人生问题的根据。价值观具有相对的稳定性和持久性。在特定的时间、地点、条件下,人们的价值观总是相对稳定和持久的。比如,对某种事物的好坏总有一个看法和评价,在条件不变的情况下,这种看法也不会改变。

在不同时代、不同社会生活环境中形成的价值观是不同的。一个人的价值观是从出生开始,在家庭和社会的影响下逐步形成的。一个人所处的社会生产方式及其所处的经济地位,对其价值观的形成有决定性的影响。就个人而言,人生价值观念首先来自社会。任何一个社会,都给其成员提供了某种价值观念和生活目标,鼓励并引导他们去完成社会所期待的事业。当然,报刊、电视和广播等宣传的观点以及父母、老师、朋友和公众人物的观点与行为,对一个人的价值观也有不可忽视的影响。

二、价值观的分类

1. 斯普朗格尔的价值观分类

美国组织行为学家斯普朗格尔最早对人的价值观进行了归类,分为以下 6 类:

(1)理性价值观:以知识和真理为中心,强调通过理性批判的方式发现真理。

(2)唯美价值观:以形式和谐为中心,强调对美的追求。

(3)政治性价值观:以权力和地位为中心,强调权力的获取和影响力。

(4)社会性价值观:以群体他人为中心,强调人与人之间的友好、博爱。

(5)经济性价值观:以有效实惠为中心,强调功利性和实务性,追求经济利益。

(6)宗教性价值观:以信仰教义为中心,强调经验的一致性及对宇宙和自身的了解。

当然,没有哪个人是绝对属于某一种类型的。实际上,6 种类型对不同的人有不同的配置。根据奥尔波特等人的调查,这 6 种价值观在美国社会中起着中心作用,但对于哪些是最为主要的看法则有分歧,美国以第三、第五种居多。他们还发现:不同职业的人对这 6 种价值观的重视程度不同,形成了不同的优先顺序,这也反映了不同的价值体系。

2. 罗可齐的价值观调查

米尔顿·罗可齐设计了罗可齐价值观调查问卷(Rokeach Value Survey,RVS),其中包括两种价值观类型,每种类型有 18 项具体内容。第一种类型称为终极价值观,指的是一种期望存在的终极状态,是人一生中希望实现的最根本的目标。诸如舒适的生活、成就感、世界和平、平等、自由、快乐、自尊等。另一种称为工具价值观,指的是人喜欢的行为方式或实现终极价值观的手段。诸如勤奋工作、襟怀开阔、清洁、勇敢、宽容、富于想象力、顺从、负责、自律等。实践研究表明,不同人群的 RVS 价值观有较大差异。调查说明,社区工作者认为平等是最重要的终极价值观,而公司管理者和工会会员却分别将其排在第 4 位和第 13 位。社区工作者将"助人为乐"排在工具价值观的第 2 位,而公司管理者和工会会员却将其排在第 14 位。

职业生涯研究中对工作价值观有大量的分析。斯蒂芬·P. 罗宾斯总结了这一方面的工作,将美国劳动力大军在不同时期占主流地位的工作价值观整合为 4 个阶段,根据美国员工进入劳动力队伍的不同年代划分为 4 个群体。由于多数人在 18~23 岁开始工作,因而这些时代与员工年龄有着紧密的联系。

美国社会的主流价值观是新教理论。20 世纪 50 年代末以前进入美国劳动市场中的人普遍崇尚新教理论,忠诚于雇主,视努力工作为天职,终极价值观是舒适的生活和家庭安全。20 世纪 60 年代至 70 年代中期进入美国劳动力大军的员工深受人权运动、越南战争的生育高峰的影响,多数人接纳存在主义哲学,更注重生活质量而不是财富的积累,对自主的向往使他们对自己而不是对组织忠诚,把自由和平等看得更高。而 20 世纪 70 年代中期到 80 年代末进入工作领域的人反映出美国社会向传统价值观回归的倾向,他们更强调获得成就,以及取得物质上的成功。这代人受里根保守政策、信息技术发展、创业风潮的影响,信仰实用主义,把组织看作职业生涯的工具,将终极价值观的成就感和社会认同感放在较高的位置。最后一类人就是现在的 X 时代,追求灵活性、生活的选择权、工作满意的实现。家庭和社会关系对这群人是非常重要的,金钱成了重要的职业绩效评判指标。为了获得更多的选择范围,他们宁愿舍弃头衔、保险以及加薪和晋升的机会。他们对友谊、幸福和快乐的评价更高。

三、价值观与职业发展的关系

由于个人的身心条件、年龄阅历、教育状况、家庭影响、兴趣爱好等的不同,人们对不同职业有着不同的主观评价。从社会来讲,由于社会分工的发展和生产力水平的不同,各种职业在劳动性质和内容上,在劳动难度和强度上,在劳动条件和待遇上,在所有制的形式和稳定性等诸多问题上,都存在着差别。再加上传统的思想观念等的影响,各类职业在人们心目中的声望、地位便也有好坏、高低之分,这些评价形成了人的职业价值观,影响着人们对就业方向和具体职业岗位的选择。

各种职业都有各自的特性,不同的人对职业意义和好坏有不同的认识和评价,这就是职业价值观。职业价值观决定了人们的职业期望,影响着人们对职业方向和职业目标的选择,决定着人们就业后的工作态度和劳动绩效水平,进而决定了人们的职业发展情况。哪个职业好？哪个岗位适合自己？从事某一项具体工作的目的是什么？这些问题都是职业价值观取向的具体表现。

职业价值观,不是如何看待"职业价值"的本质,而是注重在职业生涯规划和职业生活中,在众多的价值取向里,优先考虑哪种价值。一般来说,在大多数人眼里,理想的职业应该是这样的:①薪水高,福利好;②工作环境(物质方面)舒适;③人际关系良好;④工作稳定有保障;⑤能提供较好的受教育机会;⑥有较高的社会地位;⑦工作不太紧张,外部压力少;⑧能充分发挥自己的能力特长;⑨社会需要与社会贡献大。

第四节　探索个人职业价值观的途径

一、马斯洛的需求层次理论

马斯洛提出人有 5 个层次的需求:生理需求、安全需求、归属需求、尊重需求、自我实现(图3-4)。只有当低层次的需求满足以后,人才能够更好地满足更高层的需求。这些需求体现在我们的生活中,就成为我们的价值观,它们具有强大的驱动力。

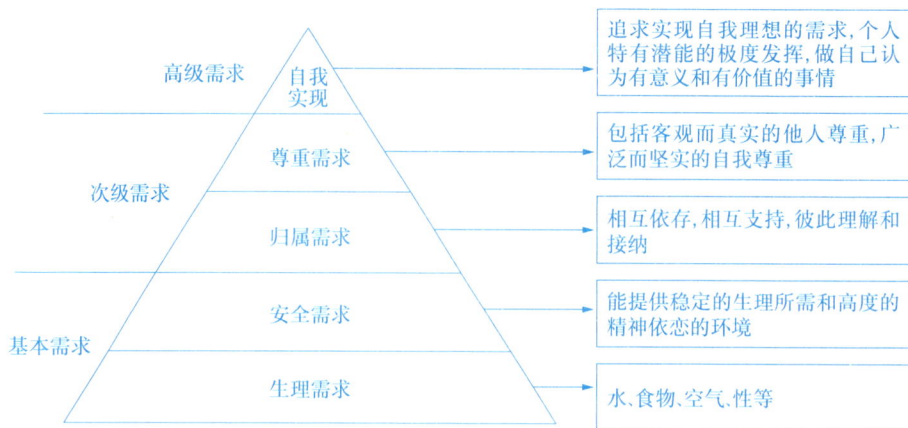

图 3-4　需求层次理论

二、赫兹伯格的激励理论

员工的工作满意度取决于内外部激励因素之间的平衡。外部的激励因素包括工作条件、工资待遇等,内部的激励因素包括人际关系、支持、认可、成就感等。激励理论如图 3-5 所示。

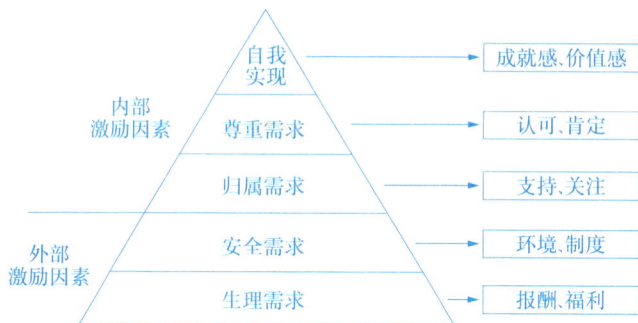

图 3-5　激励理论

三、价值观想象

如果我有 1 000 万元,我将_____,在生活中我最想得到的是_____;如果我只剩下 24 小时的生命,那我将_____,我给我的孩子的忠告是_____;如果我在大火中只能救出一件东西,它是_____。

四、价值观市场

1.准备

写出对你来说 5 条最重要的价值观,分别写在 5 张小纸条上。在纸条背面写上你挑选的重要价值观的描述,即要达到什么程度你才能满意。重要价值观列表如表3-5所示。

表3-5 重要价值观列表

人际/归属感 团队合作 能帮助他人 家庭 朋友 亲密关系 有益于社会 稳定 安全 健康 乐趣 物质保障 工作与生活平衡 符合我的道德观 高收入 被认可 受尊重 成就感 成功 名誉 地位 竞争 权力 创造性 新鲜感 自由 挑战性 冒险性 多样性和变化性 能发挥自己的才能 有学习/成长的机会

2. 交换

现在,如果你不得不放弃其中的一条,你会放弃哪一条?将你准备放弃的这一条与其他人交换。如果你不得不再次放弃剩下4条中的一条,你会放弃哪一条?请再次与其他人交换(保留刚才别人给你的纸条,放在一边)。继续下去,直到剩下最后一条。这是否是你无论如何也不愿放弃的?

3. 讨论

通过这个活动,你对自己的价值观有了什么了解?你的价值观会对你的职业选择和人生产生什么影响?影响你价值观形成的因素有哪些?

五、价值观拍卖

看看你的价值观

下面是一个拍卖游戏,每个人有300万元,你可以争取或放弃任何一个拍卖物品(如下),但是要把握住自己真正喜欢的。在拍卖活动结束时,你可以保留300万元,当然也可以将300万元都消费光,重点不是你剩下多少钱,而是在拍卖活动结束后,看看每位同学都获得了什么东西,并且自我评估:获得了自己想要的东西后,自己的幸福指数是多少?

自我评估:写下自己获得的东西,与大家分享你买下这些东西的原因及想法(什么都没买的同学,也请写下自己最后保留300万元的原因及想法)。

(1)我买了:_____。

因为:_____。

(2)我什么都没买,因为:_____。

(3)选择自己想获得的东西或保留了300万元之后,我的幸福指数是多少?(1～100分)

拍卖物品(起标10万元):①健康的身体;②家庭和乐;③名誉、称赞;④帅哥、美女的容貌;⑤聪明的脑袋;⑥财富;⑦好人缘;⑧自由自在;⑨一颗慈悲心;⑩慷慨待人;⑪自信心;⑫待人诚信,不虚伪;⑬为人谦虚,不骄傲;⑭有明辨是非的智慧;⑮丰富的学问、知识;⑯知心好友;⑰美好幸福的爱情;⑱心灵平静,不烦躁;⑲沉稳的个性,不冲动;⑳一流口才;㉑很强的做事能力;㉒有宽恕人的肚量;㉓耐心;㉔幽默风趣的个性;㉕能真心欣赏别人,不嫉妒;

㉖正义感;㉗孝顺父母;㉘友爱兄弟姐妹;㉙温和、友善、随和;㉚自我负责,自我管理;㉛勤劳;㉜每天都很喜悦;㉝知足;㉞感恩的心。

第五节　树立正确的职业价值观

一、职业价值观的概念

职业价值观是指人生目标和人生态度在职业选择方面的具体表现,也就是指一个人对职业的认识和态度以及其对职业目标的追求和向往。俗话说:"人各有志。"当这个"志"表现在职业选择上的时候,就是职业价值观。它是一种具有明确的目的性、自觉性和坚定性的职业选择的态度和行为,对职业目标和择业动机有着决定性的作用。如果一个人追求的是自我价值的实现,那么他就会选择那种最能表现自己特长的职业;如果一个人只是一味地追求名和利,那么他在选择职业时,就会优先考虑目前所选取职业的地位和经济收入。职业价值观的内涵包括以下三个方面:

(1)职业价值观是一个人对各种职业价值的基本认识和基本态度。

(2)职业价值观表明了一个人通过工作来追求的理想是什么:是为了理想,为了钱,为了权力,还是为了一种情感关系等。

(3)职业价值观是人们在选择职业时的一种内心尺度,它支配着人的择业心态、行为、信念和理解等;支配着职业人生认知,使人明白外界事物对自己职业发展的意义;也支配着自我了解、自我定位、自我设计等;此外,它也为自认为正当的职业行为提供充足的条件。

二、职业价值观的影响因素

就外部因素而言,职业价值观会受到社会、学校、家庭的影响;就内部因素而言,职业价值观则会受到个人因素如健康、性别、兴趣、性格、能力等的影响。

1. 社会因素的影响

随着改革开放的不断深入,经济成分和经济利益多样化,社会生活方式和组织形式多样化,这些变化打破了原有的价值观念、利益格局,进而改变了人们旧有的职业价值观。大学生作为一个极其活跃而敏感的群体,其价值观更易受社会环境变迁的影响,他们的竞争意识、利益观念和自主观念等都会进入新的价值体系中。

2. 学校因素的影响

学校是有目的、有计划地进行教育的专门场所,尤其是以培养高等技术应用型专门人才为根本任务的学校教育,其教育活动对个体职业价值观的形成和发展影响直接、作用巨大。

一些相关的研究对此也有深入阐述:一是专业教育不仅让学生掌握了基本的专业知识和专业技能,而且能够让学生宏观地把握所学专业的研究现状和发展趋势,并在此基础上展开职业设想,形成职业认知,进行职业选择和职业评价;二是双师型教师是对专业课教师的一种特殊要求,他们既具有较高的文化和专业理论水平,又有广博的专业基础知识和熟练的专业实践技能,因而教师的职业态度和职业评价对学生的职业价值观有着直接的影响;三是学校的德育工作、人文教育等对学生的职业价值观也起着重要的导向作用。

3. 家庭因素的影响

家庭是社会的基本单位,是一个人成长、成才的第一所学校,是影响大学生职业价值观的最原始、最初级的场所。大学生在与父母的朝夕相处中,接受了来自父母的教导。家庭成员尤其是家长的社会背景、经济状况、爱好特长、宗教信仰、个性特征及其人生观、价值观等,无不对子女日后职业方面的观念、态度与行为产生潜移默化的影响。

4. 个人因素的影响

辩证唯物主义认为,内因是事物变化发展的根据,外因是事物变化发展的条件,外因通过内因起作用。大学生职业价值观的形成除受上述因素影响外,还与其个人因素有关。个人因素包括健康、兴趣、性格、能力等。

(1)健康是职业生涯开始的首要条件,几乎所有的职业都需要有健康的身体,但是不同的职业对身体健康会有不同的要求。如采矿、勘探等职业要求从业者具有良好的身体状况和强健的体魄,眼睛高度近视不能从事精密仪器制造业等,因此,个人的健康状况会影响到大学生的职业选择。

(2)兴趣是大学生形成职业价值观的前提条件,大学生选择什么专业,从事什么职业往往是从兴趣出发的。

(3)人的性格千差万别。职业心理学的研究表明,不同的职业有不同的性格要求,同时具有不同性格的人对不同职业的适应性也有所不同。对企业而言,不同性格特征的人员决定了每个员工的工作岗位安排和工作业绩;对个人而言,性格决定着自己的事业能否成功。所以,性格是大学生职业选择应考虑的重要因素之一。

(4)能力是一个人能否进入职业岗位、胜任工作的先决条件,能力不同,对职业的选择就有差异。个人的能力是影响大学生职业选择的一个重要因素,个人能力的大小对职业定向与职业选择起着筛选和定位作用。

三、树立正确的职业价值观

1. 处理好职业价值观与个人兴趣和特长的关系

职业价值观、个人兴趣和特长是人们在择业时需要考虑的最重要的三个因素。

在确定价值观时,一定要考虑它是否与自己的兴趣或特长相适应。据调查,如果从事自己不喜欢的工作,有80%的人难以在他选择的职业上获得成功;而如果选择了自己喜欢的工作,则可以充分调动人的潜能,使人获得职业发展的原动力。此外,选择一项自己擅长的工作,也会事半功倍。

2.处理好职业价值观的排序与取舍的问题

职业价值观的特性决定了人们不会只有唯一的职业价值观,人性的本能也会驱使人们希望什么都能得到。但在现实生活中"鱼与熊掌不可兼得",在职业选择中,人们经常不能理性对待这个问题。既然是选择,就要付出代价,只有舍,才能得。所以,要对自己的职业价值观进行排序,找出最重要、次重要的方面,并提醒自己不可能什么都得到,否则就会患得患失,终其一生也不清楚自己到底想要什么,更谈不上职业生涯的成功和对社会的贡献了。

3.处理好职业价值观中个人与社会的关系

人不能离开社会而独立存在,个人只有在工作中为社会做贡献才能实现自己的职业价值。当然,不是说要忽略择业中的个人因素而只尽社会责任,这不但不利于个人,也是社会的损失。例如,让一个富于科学创造力、不善言辞的学者去从事普通的教师工作,可能会使国家损失一项重大的发明,而社会也只不过多了一个也许并不出色的老师。因此,我们在考虑职业价值观时,要兼顾和平衡国家需要、社会需要和个人需要。

4.处理好职业价值观与名利的关系

名利是一种成就的报酬,它是在确定职业价值观时所要面对的问题。有些毕业生在求职时将名利作为首选价值观,从根本上讲这并没有错。但是对于一些人来说,现在拥有的知识、能力、经验和阅历,还不足以使其刚步入社会就获得名利。怀有一夜暴富的心理是不健康的,更是危险的,容易被社会上的不法分子利用,甚至误入歧途。特别是面对严峻的就业形势,更应理性地降低对金钱的期望值,把眼光放远一些,应尽可能地将自我成长和自我实现作为在毕业求职时的首选价值观。

【生涯案例】

渔夫与商人的对话

一个美国商人坐在墨西哥海边的小渔村码头上,看着一个墨西哥渔夫划着一艘小船靠岸。小船上有好几尾大黄鳍鲔鱼。商人问渔夫要多少时间才能打到这么多鱼?渔夫说,才一会儿工夫就打到了。

商人接着问道:"你为什么不待久一点,好多打一些鱼?"

渔夫不以为然:"这些鱼已经足够我一家人生活所需啦!"

商人又问:"那么你一天剩下那么多时间都在干什么?"

渔夫解释道:"我呀?我每天睡到自然醒,出海打几条鱼,回来后跟孩子们玩一玩,再跟老婆睡个午觉。黄昏时晃到村子里喝点儿小酒,跟哥们儿玩玩吉他,我的日子过得充实又忙碌呢!"

商人不以为然,帮他出主意说:"我是美国哈佛大学企业管理硕士,我倒是可以帮你忙!你应该每天多花一些时间去打鱼,到时候你就有钱去买条大一点儿的船。这样你就可以打更多鱼,然后再买更多渔船,这样你就可以拥有一个渔船队。然后你可以自己开一家鱼罐头工厂,这样你就可以控制整个生产、加工处理和行销。再然后你可以离开这个小渔村,搬到墨西哥城,再搬到洛杉矶,最后到纽约。在那里经营你不断扩充的企业。"

渔夫问:"这又得花多少时间呢?"

商人回答:"15~20年。"

"然后呢?"

商人大笑着说:"然后你就可以在家当皇帝啦! 时机一到,你就可以宣布股票上市,把你的公司股份卖给投资大众。到时候你就发啦! 你可以几亿几亿地赚!"

"然后呢?"

商人说:"到那个时候你就可以退休啦! 你可以搬到海边的小渔村去住,每天睡到自然醒,出海随便打几条鱼,跟孩子们玩一玩,再跟老婆睡个午觉。黄昏时晃到村子里喝点儿小酒,跟哥们儿玩玩吉他喽!"

渔夫疑惑地说:"我现在不就是这样了吗?"

第四章 大学生职业认知

职业认知是指人在生活、学习、交往中形成的对某种具体职业的认识和评价。它是正确择业、顺利就业不可或缺的前提,同时也是对自己的洞察和理解,包括自我观察和自我评价。

【案例导入】

在工作变换中了解职业世界

周俊,复旦大学生物工程专业毕业,2000年开始创业,成立了IT公司。在创业前,他从没做过和自己专业有关的工作,但是他在不断更换工作的过程中,根据自身条件调整职业规划,最终成为拥有40名员工的企业老总。

大学毕业后,周俊回到自己的家乡大连,面对就业压力,面对自己的追求,他没有强求一定要找一个与生物工程有关的工作,而是寻找了一份知名电器企业行政人员的工作。"虽然工作与自己所学的专业完全不同,但我觉得,大学教育是一种素质教育,主要是学会怎样学习。无论在什么岗位,我有学习的技能,只要通过自己的勤奋努力,总可以完成工作并把它做好。"周俊说道。

由于他并不喜欢这份工作,当遇到第二位老板的时候,他果断选择了辞职。周俊告诉记者,他从第二位老板那里学到一些自己在课堂里从没学到过的知识,让自己更快地积累了一些经验。比如,如何处理商场人际关系,如何判断商业投资价值,如何选择自己的职业奋斗目标。虽然这位老板没有很高的文化,但他的冲劲、闯劲和果断的判断力感染了周俊,于是他开始从事产业投资的工作。在投资公司的工作学习培养了周俊敢搏敢拼的勇气,返回上海工作时,周俊选择了创业。

"我当时也在为选择就业还是创业而烦恼,但人生能有几回搏的想法让我选择了创业,老板的处事作风无意间成了我的创业动力。"周俊说,创业不是盲目的,不能毫无把握地进行,这也是一种职业选择,要根据自己的情况进行规划。

通过到劳动部门咨询分析,当时手上只有3万元起步资金的周俊选择了IT方面的创业项目。"我学的是生物工程,这方面的创业需要很大的资金投入,我显然不能胜任。而IT行业,相对投入比较小,但科技含量高,发展前景好,加上我大学时代对这方面比较感兴趣,所以我选择了这个行业。"

第一节　职业概述

人类要生存,社会要发展,就需要人从事各种生产活动,社会由此形成各种不同的职业。职业是指人们从事的相对稳定的、有收入的、专门类别的工作,它是一个人的权利、义务与职责的全面体现。职业活动是每个人社会生活的重要组成部分,对即将毕业、怀揣梦想的大学生而言,选择一份适合自己的职业是事业成功的第一步。职业一词的外延包括 3 层含义:一是有工作;二是有收入;三是有时间限度。要想对其进行更加深入的研究,还需要对职业的概念作更加清晰、明确的界定,需要通过行业、工作、职位、生涯等多方面来对职业作更进一步的了解。

一、职位、工作、职业与生涯

有关"职位""工作""职业"和"生涯"这几个词的含义在理论上仍然存在着一定程度的争议,不过我们可以大致将它们作如下定义:

(1)职位。它是和分配给个人的一系列具体任务直接相关的。因此,职位和参与工作的个人相对应,有多少参与工作的个人,就有多少个职位。例如,一个足球队需要 11 个队员,意味着这个足球队有 11 个职位。

(2)工作。它是由一系列相似的职位所组成的一个特定的专业领域。例如,一个足球队中所有队员都称为足球运动员。

(3)职业。它是在不同专业领域中的一系列相似的服务。例如,运动员是一种职业。

(4)生涯。这个概念的含义随着时间的推移发生着变化。在 20 世纪 70 年代,生涯专指个人生活中和工作相关的各个方面。随后,又有很多新的意义被纳入"生涯"的概念中,其中甚至包含了生活中关于个人、集体以及经济生活的方方面面。从经济的观点来看,生涯就是个人在人生中所经历的一系列职位,它和个人的职业发展过程相联系,是个人接受培训教育以及职业发展所形成的结果。从社会学的角度来看,生涯被看成是个人所扮演的一系列角色。

二、行业、产业、专业与职业

行业是指从事相同性质经济活动的所有单位的集合。行业环境分析就是对自己将来想从事的目标行业的环境进行分析,分析内容包括行业发展现状、目前行业的优势与问题、行业发展前景预测等。

1.行业与产业

产业是由社会劳动分工独立出来的,是专门从事某一类别生产经营活动的单位总和。

国民经济部门按产业结构通常分为三大产业部门:第一产业、第二产业和第三产业。

每一个国民经济部门或产业包括许多行业。各种行业在社会分工体系中都有着自身特定的含义、范围和地位,不同行业之间在职责内容上既有明确的界限,同时也存在着密切的联系。

2.行业与职业

行业是职业的背景。有的职业属于某种特定行业,如民航飞行员;有的职业属于某种特定行业,但在不同行业中有广泛运用,如电脑技术人员;另一类职业大多数行业都有,只是要考虑与行业的配合,如秘书、销售等。

3.专业与职业

任何专业都有其特定的行业和职业针对性,但大多数专业对应的行业和职业并不是唯一的。任何行业都包括多种多样的工作,都需要不同专业背景的人。同一专业背景的人可以选择不同的职业,同一职业也可以有不同的工作风格。

专业学习是进入专业性较强的职业岗位的基本条件;不同的职业岗位对专业学习的要求不同,有些职业岗位的发展重实践经验,有些职业岗位的发展必须通过不同层次的专业训练才能实现。

三、职业的特性

职业特性反映了职业主体在长期的实践活动中所形成的与其他形式的人类活动相区别的本质属性。纵观中外职业活动的发展变化,可以看出职业具有如下特性。

1.社会性

职业是社会生产力发展的产物,每一种职业都体现了社会分工的细化,体现了对社会生产和社会进步的积极作用。职业也构成了社会运行的具体方式,形成了社会成员的阶层划分与社会地位归属。社会成员在一定的社会职业岗位上为社会整体做贡献,社会整体也以全体成员的劳动成果作为积累以获得持续的发展和进步。

2.经济性

职业活动是以获得谋生的经济来源为目的的。劳动者在承担职业岗位职责并完成工作任务的过程中,必然要索取报酬,获得收入。这一方面是社会、企业及用人部门对劳动者付出劳动的回报和代价;另一方面,劳动者以此维持家庭生活,这是保持整个社会稳定的基础。因此,有稳定、合法的收入是职业这种特定劳动区别于其他社会活动的主要特点。

3.技术性

任何一个职业岗位都有相应的职责要求,能胜任和承担岗位工作的人,除了要达到该岗位职业道德、责任义务、服务要求以外,还要达到持证上岗的技术水准。比如,所有岗位对学历证书、职业资格证书、专业技术考核证书、上岗培训合格证、专业工作年限等都有具体的规定,只有达到起点要求才能上岗。

4.稳定性

任何一种职业都要经历一个从酝酿到形成,从发展到完善再到消亡的变化过程。一般来说,构成职业生存的社会条件的变化是比较缓慢的,职业的生命周期比较长,具有稳定性。但是,这种稳定性是相对的。随着经济社会的发展,特别是科学技术的变化,职业活动也会发生变化,旧的职业会被新的职业所取代。

5.时代性

职业是一个社会历史范畴,随着社会生产力和劳动分工的不断发展,在特定的社会历史发展阶段,职业的性质和内容是有一定差别的,即具有时代性。职业的时代性表现在:一是不同时期会出现不同的职业,相同名称的职业在不同的时期会有不同的内容,某些职业甚至发生了根本性的变化,一部分新职业替代了一部分过时的职业;二是每个社会都有自己的时尚职业,即该社会中人们所热衷的职业。

6.同一性

某一类别的职业内部,其劳动条件、工作对象、生产工具、操作内容、人际关系等都是相同或相近的。正是基于职业的同一性,才有工会、同业公会、行会等社会组织产生,才有从业者的利益共同体。职业的这种同一性,往往会给人打上社会印记。例如,张三是侦探,人们会认为他精明;张三改行搞文艺,人们就以为他活泼浪漫;张三又去当教师,人们则认为他有学问;等等。

7.差异性

不同职业之间存在着劳动内容、社会心理、从业者个人行为模式等方面的差异。职业的领域非常宽广,我国古代就有"三百六十行"之说,现代职业更是成千上万,并且不断分化出新的职业。职业的差异导致了不同职业者在职业转换中的矛盾与困难,每一种职业都需要特定的知识和技能,只有符合这些特定的要求,才能胜任所从事的职业。

8.层次性

虽然从社会需要和社会分工的角度来看,职业不应有高低贵贱之分,但在现实社会中,人们对不同职业的社会评价的确存在着明显的差别。这种职业评价的差别即层次性,它源于不同职业的工作复杂程度的不同,以及在工作组织权力结构中的地位、工作的自主权、收入水平、社会声望等方面的差别。

四、职业的分类

根据我国不同部门公布的标准,主要有两种分类方法:一种是人口普查使用的《职业分类标准》(以下简称《标准》);另一种是《中华人民共和国职业分类大典》(以下简称《大典》)的分类。这两种分类的基本原则是一致的,都是依据在业人口本人所从事的工作性质的同一性进行分类的。除此之外,社会上还有一种十分流行的职业分类方法——按照职业的工作方式,对职业类型进行归纳聚类。

(1)《标准》依据在业人口所从事的工作性质的同一性,将全国范围内的职业划分为8

个大类、64 个中类、301 个小类。其中 8 个大类的排列顺序如下：①各类专业、技术人员；②国家机关、党群组织、企事业单位的负责人；③办事人员和有关人员；④商业工作人员；⑤服务性工作人员；⑥农、林、牧、渔劳动者；⑦生产工作、运输工作和部分体力劳动者；⑧不便分类的其他劳动者。在 8 个大类中，第一、二大类主要是脑力劳动者，第三大类包括部分脑力劳动者和部分体力劳动者，第四、五、六、七大类主要是体力劳动者，第八类是不便分类的其他劳动者。

（2）《大典》参照国际职业分类标准，从我国实际出发，按照工作性质同一性的原则，对我国社会职业进行了科学划分和归类，全面客观地反映了现阶段我国社会的职业结构状况。《大典》将我国社会现有的职业结构划分为 8 个大类、66 个中类、413 个小类、1 838 个细类（职业）。其中 8 个大类分别是：①国家机关、党群组织、企事业单位负责人；②专业技术人员；③办事人员及有关人员；④商业及服务业人员；⑤农、林、牧、渔、水利业生产人员；⑥生产制造及有关人员；⑦军人；⑧不便分类的其他人员。这是我国人才市场目前普遍适用的职业分类方法。为及时反映新职业的发展变革，2004 年 8 月起，原劳动和社会保障部建立了新职业信息发布制度，对职业分类与职业标准开发实行动态管理，并通过信息发布制度，系统介绍新职业名称、定义、主要工作内容以及从业人员状况等情况。同时，定期组织专家对《大典》进行增补修订，并及时颁布《大典》增补本。《大典》（2005 增补本）收录了 77 个新职业；《大典》（2006 增补本）收录了 82 个新职业；《大典》（2007 增补本）收录了 31 个新职业。为适应发展需要，2015 年新版《大典》职业分类结构为 8 个大类、75 个中类、434 个小类、1 481 个职业。与 1999 版相比，维持 8 个大类，增加了 9 个中类和 21 个小类，减少了 547 个职业，如表 4-1 所示。

表 4-1　《中华人民共和国职业分类大典》中的职业分类表（2015 版）

大　类	中　类	小　类	职业描述
党的机关、国家机关、群众团体和社会组织、企事业单位负责人	中国共产党机关负责人 国家机关负责人 民主党派和工商联负责人 人民团体和群众团体、社会组织及其他成员组织负责人 基层群众自治组织负责人 企事业单位负责人	略	在中国共产党机关，国家机关，民主党派和工商联，人民团体和群众团体、社会组织及其工作机构，基层群众自治组织，企业、事业单位中担任领导职务并具有决策、管理权的人员
专业技术人员	科学研究人员 工程技术人员 农业技术人员 飞机和船舶技术人员 卫生专业技术人员 经济和金融专业人员	略	从事科学研究和专业技术工作的人员

大　类	中　类	小　类	职业描述
专业技术人员	法律、社会和宗教专业人员 教学人员 文学艺术、体育专业人员 新闻出版、文化专业人员 其他专业技术人员	略	从事科学研究和专业技术工作的人员
办事人员和有关人员	办事人员 安全保卫和消防人员 其他办事人员和有关人员	略	在公共管理和社会组织机构中,从事行政业务、行政事务、行政执法和仲裁、安全保卫、消防和应急救援等工作的人员
社会生产服务和生活服务人员	批发与零售服务人员 交通运输、仓储和邮政业服务人员 住宿和餐饮服务人员 信息传输、软件和信息技术服务人员 金融服务人员 房地产服务人员 租赁和商务服务人员 技术辅助服务人员 水利、环境和公共设施管理服务人员 居民服务人员 电力、燃气及水供应服务人员 修理及制作服务人员 文化、体育和娱乐服务人员 健康服务人员 其他社会生产和生活服务人员	略	从事商品批发零售、交通运输、仓储、邮政和快递、住宿和餐饮、信息传输、软件和信息技术以及金融、房地产、租赁和商务、技术辅助、生态保护、文化、体育和娱乐等社会生产服务与生活服务工作的人员
农、林、牧、渔业生产及辅助人员	农业生产人员 林业生产人员 畜牧生产人员 渔业生产人员 农、林、牧、渔业生产辅助人员 其他农、林、牧、渔业生产及辅助人员	略	从事农、林、畜、渔业生产活动及辅助生产的人员

续表

大　类	中　类	小　类	职业描述
生产制造及 有关人员	农副产品加工人员	略	从事产品生产及设备制造、矿产开采、工程施工和运输设备操作的人员及有关人员
	食品、饮料生产加工人员		
	烟草及其制品加工人员		
	纺织、针织、印染人员		
	纺织品、服装和皮革、毛皮制品加工制作人员		
	木材加工、家具与木制品制作人员		
	纸及纸制品生产加工人员		
	印刷和记录媒介复制人员		
	文教、工美、体育和娱乐用品制作人员		
	石油加工和炼焦、煤化工生产人员		
	化学原料和化学制品制造人员		
	医药制造人员		
	化学纤维制造人员		
	橡胶和塑料制品制造人员		
	非金属矿物制品制造人员		
	采矿人员		
	金属冶炼和压延加工人员		
	机械制造基础加工人员		
	金属制品制造人员		
	通用设备制造人员		
	专用设备制造人员		
	汽车制造人员		
	铁路、船舶、航空设备制造人员		
	电气机械和器材制造人员		
	计算机通信和其他电子设备制造人员		
	仪器仪表制造人员		
	废弃资源综合利用人员		
	电力、热力、气体、水生产和输配人员		

大　类	中　类	小　类	职业描述
生产制造及有关人员	建筑施工人员	略	从事产品生产及设备制造、矿产开采、工程施工和运输设备操作的人员及有关人员
	运输设备和通用工程机械操作人员及有关人员		
	生产辅助人员		
	其他生产制造及有关人员		
军人	军人	略	军人
不便分类的其他从业人员	不便分类的其他从业人员	略	不便分类的其他从业人员

（3）按照所从事职业的工作方式，可以把职业类型归纳为16种。按这种分类方法，在职业分析的时候常常把适合某一特定职业类型的人统称为"种族"或"部落"，如"创意型部落""运营型种族"等。按照工作方式区分的16种职业类型及典型职业如表4-2所示。

表4-2　职业类型及典型职业

职业分类	职业方向	典型职业
创意型职业	富有创造力的职业领域，通过运用良好的抽象思维能力来实现预期的职业活动目标	创意文案、时尚编辑、建筑师、总导演、乐队指挥、作家、景观设计师等
分析型职业	侧重研究分析的职业领域，通过运用系统化思维来实现预期的职业活动目标	金融分析师、系统分析员、审计师、信息管理师、精算师、专业领域编辑、电脑安全专家、古玩鉴定师、专利代理人等
公关型职业	多面性的职业领域，最主要的是发挥良好的人际影响力	会员发展经理、新闻发言人、记者、口译人员、大堂经理等
公益型职业	带有公益色彩的职业领域，主要运用交流沟通能力、对人的热忱与友善，对事务的细致和耐心，为他人提供真诚帮助，从而实现具有人生意义的自我价值	秘书、健身教练、拓展训练师、健康顾问、教育顾问、营养保健师、康复治疗师等
顾问型职业	"思想助人"的职业领域，主要通过运用严格的逻辑性推理来实现预期的职业活动目标	管理顾问、理财顾问、心理咨询师、职业咨询师等
管家型职业	"大管家"式的职业领域，事无巨细，尽在掌握之中	宠物健康护理员、股票分析师、物流管理师等

续表

职业分类	职业方向	典型职业
技术型职业	进行技术的熟练应用和探索研究,从而实现技术成果或项目	医生药剂师、网络管理员、按摩治疗师等
经纪型职业	视野广阔的职业领域,通过发挥敏锐的市场洞察力来实现预期的职业活动目标	销售经理、采购工程师、客户服务经理、猎头、导游、律师、资产评估师、培训师、证券经纪人、保险代理人、娱乐经纪人、策划编辑、医药代表等
商务型职业	商业化的职业领域,实现自身具有挑战性的经济价值目标	渠道经理、店长、市场调研、电子商务师、物业管理师、拍卖师等
设计型职业	以设计为主的职业领域,通过运用独特的审美观获得职业认可	平面设计师、网页设计师、制图设计师、室内设计师、园艺师、工艺美术设计师、花艺师、调酒师、摄影师、美发师、美术编辑等
实操型职业	操作应用的职业领域,通过运用自身耐心细致的特征来实现预期的职业活动目标	速录师
引领型职业	意识领先的职业领域,通过发挥其敏锐的市场洞察力来实现预期的职业活动目标	市场策划、策划顾问、企业形象设计师、产品设计师、广告设计师、展览设计师、商品陈列师、服装设计师、形象设计师、明星、企业家等
应用型职业	这类方向的大部分职业都涉及具体的产品或事务	会计师、翻译等
运营型职业	该类方向的大部分职业都会涉足经济或商业领域,工作中的大量时间会从事整体战略分析、信理资料的抽象概括和应用以及商业模式的实际运作等	理财规划师、基金经理等
展现型职业	富有创新气息的职业领域,通过运用自身独特的审美观、丰富的表现力,直接面对客户,为他们提供具有创新性的服务	主持人、人体彩绘师、漫画家等
智囊型职业	有深度探索空间的职业领域,通过运用周到的统筹规划来实现预期的职业活动目标	营销专家等

五、职业的功能

(一)对个人而言

职业实质上实现了劳动者与生产资料的结合,体现了人与人的社会关系。人们通过职业活动不仅满足了自身的需要,而且通过各自劳动成果的交换,满足了彼此的需要。因此,职业及职业活动对于个人和社会都有非常重要的意义。从个人的角度看,职业为劳动者个体参与社会活动和获取生活资料提供了基本条件,其具体作用表现在以下几个方面。

1. 职业是人的主要经济来源

职业是个人获得经济收入的主要手段,是个人生存和维持家庭的物质基础。生产劳动是人类社会发展中最重要的活动,而人们的职业和生产劳动是紧密相连的。这是因为人们总是通过一定形式的职业来进行劳动,以获取生存和发展所必需的生活资料,维持个人和家庭生活的基本需要。当然,人们在职业活动中取得个人经济利益的同时,也为社会创造了财富,实现了社会物质财富和精神财富的积累。

2. 职业能使人获得非经济利益

职业活动可以使个人获得非经济利益,如名誉、地位、权力、各种便利以及友谊、交往等,从而使个人获得心理满足,达到"乐业"的境地。追求较高的社会地位,是许多人的重要人生目标。职业类别、职业环境和职业中的个人等级(如省长、市长、局长、厂长、处长、科长、科员等),就是人的社会地位的象征。人们在职业上的努力和奋斗,构成了人们在社会地位阶梯中的向上流动。

3. 职业是个人发挥才能的平台

人们从事的某种特定职业类别的工作,不仅要求人要有一定的素质,还要能使人的才能得到发挥,并成为促进人的才能和个性发展的平台。由于每种职业都有不同于其他职业的活动内容和形式,这就必然对从业者的生理和心理产生重大影响。当这种工作能够使个人的才能得到发挥、个性得到不断发展与完善时,就成为促进个性健康发展的途径。而随着才能的逐步提高,人们自我实现的需要也得到了满足。

(二)对社会而言

劳动者从事某种职业,就是进入一个社会劳动分工体系之中,参与其活动。劳动者在这个体系中的活动结果,既获得了满足自身物质需要的财富,也为社会做出了贡献。因此,从这个意义上说,对社会而言,职业和职业活动构成了人类社会生活,是社会存在和发展的基础,职业对社会发展的具体作用表现在以下几个方面。

1. 职业是社会存在的内容

职业不仅是人的社会身份、等级的体现,其本身也构成了人类社会存在的一个内容。职业分工及其结构是社会经济制度与社会经济结构的重要部分,是社会经济发展水平的反映。

通过人的职业劳动,生产出社会财富,这也为社会的存在和发展提供了物质基础。此外,职业分工构成了社会经济制度及其运行的重要组成部分。

2. 职业的运动和转换可能成为社会发展的动力

职业的社会运动,包括个人改善职业的向上流动,与社会经济结构相联系的职业结构变动,不同职业阶层间的矛盾冲突及其解决等,构成了社会发展与社会进步的强大动力,是社会发展不容忽视的重要力量。此外,人们为了追求未来的"好职业"而进行的人力资本投资,更成为推动社会发展的巨大动力。

3. 职业是维持社会稳定的基本手段

职业是人的重要生活方式,"安居乐业"是人们的共同愿望。政府为公众创造职业岗位,执行促进"充分就业"的政策,从其社会功能的角度看,就是为了减少贫困,缩小分配差距,在一定程度上解决效率与公平之间的矛盾等问题,达到维护社会稳定,实现和谐发展和可持续发展的目的。

第二节　未来职业发展趋势

人类社会跨入当代,世界上大多数国家把经济的增长和发展放到了中心或优先的位置,其结果是直接促使产业结构和行业结构变迁速度的加快。如18世纪的工业革命时期,纺织行业是当时的主要行业,直到20世纪,钢铁和建筑行业才开始超过它;而电子、计算机行业从产生到发展成为当今社会的一个主要行业,仅用了短短十几年时间。产业结构和行业结构的变迁加速后,职业的结构、数量和分布状况的变迁也更加频繁。随着世界经济、社会文化和科学技术的发展,社会上的行业结构将发生很大的变化,未来社会对人才需求的情况也会发生重大调整。在这种情况下,大学生要想在职业世界中有所作为,必须对未来职业的发展变化趋势有所了解。

一、新经济给职业世界带来的新变化

新经济是一种历史的进步,是基于知识经济的全球化经济,其基本特征是高技术化和全球化。新经济和传统经济相比有5个明显不同的特征:①经济主体交往不同,新经济趋向全球一体化;②交换方式不同,它以电子商务为主要交换手段;③生产方式不同,它以集约型为主;④增长动力不同,它以高科技、信息为增长原动力;⑤资源是共享的,它对人类供给是无限的。新经济是以现代科学技术为核心,建立在知识和信息的生产、分配和使用之上的经济。新经济时代的来临,改变了传统的资源观,强调人力资本在经济发展中的贡献日益突出。在新经济时代,中国社会正在发生着广泛而深刻的变化,并具有快速、动态、不确定和复杂性等特点。就劳动力市场对人力资源的要求而言,值得我们更多关注的主要体现在以下4

个方面。

1. 经济全球化

经济全球化已彻底改变了市场竞争的边界,使企业面临着前所未有的挑战。经济全球化蕴含着对新市场、新产品、新观念、新的企业竞争力和经营方式的新思考。企业的管理者需要以一种新的思维重新思考人力资源在企业中的角色与价值培植问题,建立新的模式来培养竞争力。

2. 社会知识化

21 世纪的社会是一个学习型社会,越来越多的人将从事知识的创造、传播和应用活动,并通过这些活动为社会创造财富。在这样的社会里,知识管理能力成为企业核心竞争力的关键,知识成为企业竞争优势的来源。企业应更加重视员工及其技能与知识,真正将知识视为企业的财富。

3. 信息网络化

电子通信、计算机、国际互联网和其他技术的迅猛发展,消除了企业之间和个人之间在地理上的隔离,让世界变得更小,创造了一个不受地理边界限制与束缚的工作环境和视野。新技术的飞速发展,不仅提高了企业的经营生产效率,大大降低了交易费用,而且对企业管理方式也产生了巨大冲击。技术的发展将不断地重新定义工作时间和工作方式。信息技术的飞速发展,将使企业愈发认识到创造发明技术、使用操纵技术的"人"的重要作用。

4. 员工多元化

随着国家现代化进程的发展和劳动力市场的进一步健全,人员的流动必然更加频繁,企业员工队伍的组成也将更加复杂。由于不同类型员工的教育程度不同,成长的文化背景不同,他们的知识、技能、价值观、工作动机及需求等呈现出明显的差异。具有不同知识、技能和素质的员工为企业创造的价值不同,不同员工的薪酬形式也将不同。

《美国新闻和世界报道》的专家对未来社会的职业发展趋势进行预测,提出了未来世界的 20 个主导行业,即执法、法律、信息服务、社会工作、医疗服务、公共事务、金融、技工、电信业、工程技术、科学研究、销售、医学、传媒、教育、咨询业、广告业、艺术、娱乐、工程学。这项调查是对未来美国和发达国家的职业发展趋势进行的预测,我国未来的职业发展既受世界性的大趋势影响,同时也受具体国情和不同社会发展阶段等因素的影响,具有自身的特点和规律,具体表现在以下几个方面。

(1)由单一基础型向跨专业、复合型转化。从目前招工、就业的情况分析,职业岗位的要求和劳动方式逐步由简单向复杂转化,过去单一技能就能胜任的工作,现在由于职业内涵发展扩大了,往往需要相关专业的许多知识和技能,需要更多跨专业的复合型人才。

(2)由封闭型向开放型转化。随着改革开放的深入,职业岗位工作的范围和面向的服务对象越来越广泛,接收信息的渠道也必须加大,人们相互之间的交往和协作大大加强,所以要求人们具有开放的观念和心态,彻底摆脱封闭的状态。

(3)由传统工艺型向信息化、智能型转化。传统工艺型在科技含量上相对滞后,在技术更新速度方面比较缓慢,有时跟不上时代前进的步伐。生产力发展的关键之一是增加职业岗位科技含量,改善劳动组织和生产手段,使其由传统工艺型向信息化、智能型转化。

(4)由继承型向知识创新型转化。知识经济的到来,要求社会成员必须不断树立创新意识,在自己的职业岗位上进行创造性劳动。社会发展变化的迅速,已经使完全以继承方式获得的劳动技能和方法大大落后。国家的知识创新工程,不但将科技成果迅速转化成生产力,而且使更多的工作岗位由继承型转化为知识创新型。

5. 第三产业、社会服务业发展壮大

社会生产力的提高解放了劳动力,人们越来越多地需要社会服务行业来为他们排忧解难、提供方便。第三产业的劳动人数将迅速增加,信息传播与管理行业的各种职业,文化教育事业,休闲、娱乐、保健等事业,提供各种各样服务项目的社会服务业等,都将迅速发展壮大,这不仅能产生大量新职业,而且是吸纳社会劳动力的主要渠道。

二、未来可能会消失的职业

在"大众创业、万众创新"的号召带动下,随着社会的发展,劳动分工发生了很大变化,有些行业,会随着创造它的经济时代的变迁而逐渐退出历史舞台,一些曾经或许很热门的职业,在这个科技日新月异的社会里,越来越无足轻重,甚至有可能消失。据不完全统计,以下10种职业的就业人数在未来极有可能大幅度地削减。

1. 司机

如今,谷歌的无人驾驶汽车在硅谷101高速公路上穿梭或停靠到旧金山大街上,已经不足为奇。而奥迪、丰田和奔驰等汽车厂商都计划开发自己的无人驾驶汽车。因为汽车已经不需要人来驾驶,司机这一职业有可能会消失。包括驾校老师、停车执法者等职业也可能会随之消失。

2. 各种工业样品、小商品制造者

商品将不再通过制造和物流的环节送到用户的手中,因为3D打印将颠覆制造业。用户将购买从杯子到房子等所有产品的设计,然后就地3D打印出来,这种方式最大的革新之处在于,其成本将比供应链产品的成本更低。有些东西甚至不需要专门的人来制造了,只需要有一个程序就行。

3. 职业模特

"超微科技"的运用使整容业更趋完美,已经有人在研发用电脑"勘测丈量"脸部细节,度身制作完美五官"零件"以求"一劳永逸、完整美丽"效果的新技术。从这个意义上讲,漂亮的脸蛋与高挑的身材人人都可以拥有,职业模特也将失去存在的意义,时装秀将真正从T台走到每个人身边。

4. 中介、经纪人

实际上,中介这一职业的悄然隐退已是正在发生的事情,信息高速公路的无限发达必将

"夺去"另一群人的饭碗——经纪人。原因很简单,他们将不会比其他的普通人知道得更多。譬如已经有越来越多的人选择在网上自选保险。未来的人可能会需要更多专业的规划师,而不是经纪人。

5. 加油站工作人员

因为石油在枯竭,未来新能源充电站也许会遍布各处。同时,充电站也会实现自动化,不需要人来服务。而且,既然连驾驶都已经实现无人化了,当然也不需要人来负责加油充电。

6. 有线电视安装人员

借助一个电视盒子,就可以让每一台普通电视升级为智能云电视机,同时实现与家庭其他无线终端(手机、Pad、电脑)的交互。只要身处带宽足够的 Wi-Fi 环境,就可以在电视上免费观看在线视频内容。有线电视最终会消失,甚至电视台的构建也会被打乱。相关产业链上的人都要有所警惕,有线电视安装人员只是一个小小的代表。

7. 记者

也许有一天,90% 的记者都会失业!这不是危言耸听,美国的 Narrative Science 公司结合大数据和人工智能,利用软件开发的模板、框架和算法,瞬间撰写出上百万篇报道,《福布斯》杂志都已经成为他们的客户。除此之外,互联网的出现让纸媒的生存空间不断被压缩。

8. 装配车间工人

全球最大代工企业富士康的"百万机器人计划"公布后引起外界瞩目。专家称一线工人短期内被挤占的情况不可避免,一批生产工人将因此下岗已成为共识。目前,富士康的机器人手臂还只是进行简单的操作,但是在未来,随着机器人成本的下降和普及,装配车间的工作将不需要真人插手了。

9. 个体商户

电商的销售额已经超过实体店的销售额。李宁实体店关掉 1 800 多家,未来 3~5 年全国有近 80% 的书店将关门,服装店、鞋店有近 30% 将关闭。

10. 银行柜员

在支付宝、微信支付大行其道的当下,未来 10 年,中国大陆 80% 的现金会消失,人们逐渐选择网银或移动支付;未来 20 年,绝大多数中小银行如果不把前台业务外包,都将难以生存。无论这个预言如何,传统金融业和科技行业将进行一场生死时速的竞争。金融领域将发生一场彻底的互联网革命,这是谁也阻挡不了的趋势。

三、未来可能出现的新职业

随着科技和社会的进步,职业也在发生着改变,整个职业生涯的大环境更是在不断地改变,很难想象 20 年后各行各业的工作会变成什么样子。加拿大信托计划举办的"启发思维"

活动就此列举出未来至少 16 年可能出现的 9 种新兴职业,以及这些职业需要的技能和教育背景。

1. 远程外科医生

远程外科医生通过联网的机器设备为千里之外的病人实施手术。现在虽然也有远程手术,但是对一些急需这项技术的偏远地区来说,远程手术所需的医疗设备价格过于昂贵。另外,远程手术技术需要良好的网络连接条件,以避免手术中出现网络信号中断的情况。目前,机器人技术和网络技术的提高将使更多医院能够有条件开展远程外科手术,这将极大地提高某些偏远地区的医疗水平。

2. 怀旧者

怀旧者是专门从事重建退休人士记忆的室内设计师。这份工作是室内设计师和社会工作者的结合。"怀旧者"这个理念兴起,是因为越来越多的人意识到,舒适的环境会在很大程度上影响个人的身心健康。2030 年时,老年人若不想住在典型的"退休村"中,可以生活在通过他们最喜欢的记忆或地方来装饰的奢侈之地,怀旧者则帮他们安排每天的日常活动,让他们身处愉悦轻松的社交环境。在人口老龄化的国家中,这种专门为满足老年人需求而设立的服务有很广阔的前景。

3. 化简专家

21 世纪的管理体系很大程度上是基于工业工厂模型的,其中具有代表性的就是"泰勒制"。这种管理制度将工人劳动生产的各个要素分解成最基本的元素,以此来找出最有效率、最省时省力的方法来完成任务。2030 年的化简专家的兴趣在于,如何简化和精简企业的业务。例如,他们可以将 15 项行政措施减少到 3 项,或者将 4 个人的采访减少到 3 个,或者将 3 天的工作精简到半小时。化简专家有点儿像是组织顾问,只不过他要做的不是效率最大化——效率最大化将每个人看作可替换的一颗螺丝,而这会让整个组织失去生机,他们要做的是让整个组织的运行和架构最简化。所以,化简专家是管理学、认知学和行为心理学的结合,其目的是在组织与组织各成员的目标之间达到平衡。

4. 垃圾规划师

无论从字面意义还是从象征意义上来说,垃圾掩埋场都是一座未开发的"金矿"。这座"金矿"中蕴藏着大量珍贵的金属、塑料、玻璃等材料。垃圾规划师的工作就是评估垃圾的价值,然后设计出一些有价值的产品。现有的例子就是瑞士的 Freitag 公司,他们利用旧的卡车防水布来制作书包。垃圾规划师考虑的是产品生命周期的最后一步,利用旧材料制作出具有不同价值的新产品;或者,他们也可以和其他组织合作,重新设计他们的产品,使其更易于回收再利用。

5. 机器人顾问

2030 年,在提供家居照顾和服务方面,机器人将会比现在发挥更大作用。机器人顾问通过观察家庭的交互方式来确定其需要和生活方式,为家庭挑选相应的程序。机器人顾问会观察家庭成员间的互动,明确他们的需求,选出最适合这家人的机器人种类。如果某个机器人不适合这家人,或者在家中造成了冲突,机器人顾问就会着手提出解决和替代方案。

6. 医疗导航员

随着社会的不断发展和人口的急剧增长,人们对医疗的需求呈现出迅猛的增长态势,而面对中国这种人口基数巨大的国家,医疗资源的匮乏是制约国民平均医疗资源提高的重要因素之一。伴随着这类问题的出现,一种新兴的职业应运而生——医疗导航员。医疗导航员致力于为需要疗养的人群提供最佳的住家医疗方案,并教授病人及其家属基本的医疗系统操作能力,配合专业的指导信息,使病人在家里就能够得到简单的基础治疗。这一职业有效地优化了治疗过程,提高了治疗质量;病人在家里接受治疗,在心理上得到了一定的满足;同时这一职业的产生也在一定程度上解决了病人因为小问题而前往医院就医所造成的医疗资源占用问题。总之,医疗导航员对提高人们的医疗效率、医疗质量和缓解社会压力有着切实的作用。

7. 太阳能技术专家

多年来,太阳能光伏电池技术被人贬低为不靠谱的、被理想主义者私心偏袒的技术,但其实年复一年,太阳能技术的价格和性能都在不断进步。1980 年,功率为 1 瓦特的商业化太阳能设备价格为 22 美元,而现在还不到 1 美元。目前,在全球的高校、实验室和创业公司里,我们已经可以初见端倪:撒哈拉太阳能孵化项目,廉价薄膜电池和即贴即用电池,效率高达 41% 的聚光光伏,还有捕获太阳能的涂料和闪光粉。到 2030 年,我们认为太阳能技术专家会变得很抢手。他们就像是种太阳的人,管理大片的太阳能电池,并将"收获"的电能卖给发电站和社区。或者他们可以作为城市空间的顾问,帮助业主和管理者设计、建造和维护建筑内的太阳能电力系统。

8. 鱼菜共生鱼类养殖人员

近几十年来,渔业过度捕捞一直是一个严重的问题。2030 年,野生鱼的数量逐步消失,我们应该警惕市场需求对自然资源造成的压力,并尽我们所能建立一个可以持续满足市场需求的体系。否则,其后果对环境和人类社会来说都是难以忽视的。所以,新的养殖方法应运而生,比如引入水培技术来养殖鱼,用以取代珍稀的野生鱼。鱼菜共生鱼类养殖与园艺相结合,在水生植物生长的地方水下养殖鱼类。植物为鱼供给氧气,鱼则通过排泄为植物提供肥料。复合养殖已经有数百年悠久历史,在创造可持续的食品供应市场方面,它将扮演十分重要的角色。拉方丹提到:"室内复合养殖设施几乎可以应用于任何地方。我们希望通过这种方式,为交通不发达的城市或乡村、服务设施不足的社区提供健康的食物来源,解决食品荒漠问题。"

9. 无人机守夜人

现如今,无人机技术得到广泛应用,且我国无人机技术处在世界的第一梯队。无人机技术可能对社会带来很多便利,从为偏远地区投递医疗用品到送快递、送外卖。无论对专业记者还是自媒体来说,无人机都会成为他们的有力工具。用无人机在社区治安巡逻,可以降低犯罪率,提高巡逻效率。成为无人机守夜人可能需要适当的筛选和信赖机制,这样才能在整个社区中建立一种信赖。无人机守夜人不但不能有丝毫犯罪记录,还要经过安全调查,并且需要熟知物权法和公民权利。

四、未来职业世界对从业者的要求

经济社会发展的不同阶段具有不同的文化特征,未来的职业世界更是对从业者有着不同的要求,而职业素养的要求是从业者在职业活动中表现出来的综合品质,是从业者按职业岗位内在规范和要求养成的作风和行为习惯。具有较高职业素养的从业者,职业生涯才有可能可持续发展。职业素养可以分为公共职业素养、行业职业素养、岗位职业素养3个层次。对职业素养内涵和训练进行探索和实践,是用人单位与职业院校用人、育人实现"双赢"的合作形式,是校企深层次合作的平台,是落实校企共同设计、共同实施、共同评价重点建设专业人才培养方案的"抓手"。在现如今高压力就业的形势下,摸清未来职业世界对从业者的要求,优化自身习惯,是每一个大学生势在必行的。只有在明确这种不确定和双方需求的情况下,才能为自己在毕业后谋求稳定的工作、长期的发展创造机遇。现代化的人才必须具备的素质和能力如表4-3所示。

表4-3 现代化的人才必须具备的素质和能力

3种素质	基本技能	阅读能力、书写能力、倾听能力、口头表达能力、数学运算能力
	思维能力	能有新的想法,能发现并解决问题,能根据符号图像进行思维分析
	道德品质	热爱工作,有敬业精神,自重、自信,有社会责任感、集体责任感,自律,能正确评价自己,有自制力,正直、诚实,遵守社会道德行为准则
5种能力	合理利用与支配各种资源的能力	包括对时间、经费、设备、人力的利用和支配
	处理人际关系的能力	能够作为集体的一员参与工作,诚心为客户服务,坚持以理服人,调整利益以求妥协,能与各种背景不同的人共享
	获取信息并利用信息的能力	识别现代信息符号、图表,应用计算机进行信息交流与管理
	综合与分析能力	在综合与分析所掌握的信息基础上,选择出行动的最佳方案
	运用各种计算的能力	不仅掌握专业知识,更主要的是把知识内化成能力,以自己某一方面的技能为基础,形成未来发展的平台

(一)形成良好的职业素养

职业素质是从事职业的劳动者所应具备的一种综合能力和素养,一般包括职业能力、职业道德、职业意识、职业态度等。在这诸多因素中,除了必备的一技之长外,更重要的是责任心、质量意识、组织纪律性的养成;与他人交流合作能力的培养;富有集体荣誉感及团体精神;富有自信心,勇于承担风险,承受挫折,具有健康的心理素质和坚强的意志品质;具有学习能力,保持进取心,在掌握知识的同时能够灵活运用开拓、创新等。良好职业素质的培养与形成是时代的要求,是学生个体发展的需要,也是大学教育的自身发展的需要。

1. 树立职业意识

职业意识是对职业活动的认识、评价、情感和态度等心理成分的综合,大学生对将来要从事的职业的认识难免存在偏颇,在升入大学之前,对所选专业未必有较全面的了解,存在一定的盲目性,所以树立学生的职业意识就显得格外重要。

2. 养成职业习惯

有了正确的职业意识,并不等于有了良好的职业习惯。学校在日常学生管理中要把职业渗透到学生学习、生活中去,辅助学生养成符合专业要求的良好习惯,如谈吐文明、举止礼貌,培养学生劳动意识和卫生习惯等,并且贯穿始终。

3. 开展职业实践

重视实践活动是职业素质的特点之一。学生的实践活动大致可分为校内实践和校外实践,在校内学习期间的实践活动应把握实践性原则,创设和模拟工作环境,在专业老师的指导下运用理论知识解决实际问题,培养职业能力,在实践中不断学习、不断总结、不断完善自我。

(二)学会面对职业生涯的不确定性

职业生涯的不确定性,可从员工与组织之间的"心理契约"的变化中得到更好的说明。"心理契约"这一术语是美国组织心理学家阿吉里斯1960年首先提出来的,他将这一术语引入管理领域,旨在强调在员工与组织的相互关系中,除正式雇佣契约规定的内容外,还存在着隐含的、非正式的、未公开说明的相互期望,它不但影响员工的态度和行为,而且是剖析组织管理水平、洞察个体行为特征的重要变量。施恩指出:"心理契约的意思是说,在任一组织中,每一成员与该组织的各种管理者之间及其他人之间,总是有一套非成文的期望在起作用。"也就是说这些期望微妙而含蓄,它虽然是非正式的,不具有书面的形式,但却具有契约的功能。如果其中一方未能如愿,就意味着相互之间的信任与真诚将被打破,由此会带来员工的激励消退、流失等一系列严重后果。

"心理契约"是联系员工与组织之间的心理纽带,它会对员工的工作绩效、工作满意度、对组织的情感投入以及员工的流动率等产生影响。在20世纪90年代以前,由于组织有一个稳定的、可以预测的环境,组织结构基本稳定,因此这一时期所形成的"心理契约"的主要内容是:员工努力工作并对组织忠诚;组织为员工提供晋升的机会及工作安定性、长久性保证。在这种"心理契约"之下,员工对自己的职业生涯形成了这样的看法:如果他们加入了某个组织后,只要自己有能力并努力工作,对组织忠诚,不在工作中与上司和同事发生冲突,他们就能在组织中想待多久就待多久。组织则认为他们应该对员工的发展负责,承诺无论发生什么,都不会弃员工于不顾,力图通过向员工提供长期和安全的雇佣来换取他们对组织的忠诚。

但是进入 20 世纪 90 年代以后,职业世界的变化使工作和职业生涯的特性也发生了巨大变化。为了维护组织的灵活性和弹性,雇员必须在组织内部的不同岗位和角色之间转换,以及在不同的组织之间流动,即出现了无边界职业生涯现象。无边界职业生涯是超越单个就业环境边界的一系列就业机会,它不但标志着员工的流动跨越了组织、职业、部门等的界限,而且使员工个人的职业生涯发展从企业内部发展到超越企业的边界,具有了更大的灵活性。

(三)提高性格与职业的匹配度

性格是个人对现实的、稳定和习惯化的行为方式。性格是人在社会活动中通过与环境相互作用而逐步形成的,一旦形成就具有一定的稳定性。

职业心理学的研究表明,不同的职业对从业者的性格要求不同。如从事医生职业的人要求乐于助人、耐心正直、责任心强、冷静自信、稳定性好;从事科学研究的人必须敢于怀疑,有批评精神和创新意识;从事教育工作的人必须具有爱心、亲和力、高度的责任感、高尚的职业道德、敬业精神;而自我创业者则应具有敢于冒险、乐观、自信、有雄心、勇于创造等性格。

在日常生活中,人们常常把人的性格分为内向型和外向型,但是纯粹属于内向型或外向型的人并不多,大多数属于混合型,只是程度有差异。一般来说,外向型性格的人由于对外界事物的关心,表现为善于表露自己的情感、乐于与人交往等特点,适合从事能充分发挥自己行动能力积极性、与外界有着广泛接触的职业。内向型性格的人比较适合从事有计划的、稳定的、不需要与人有过多交往的职业。

性格对一个人的成功有着很大的影响。一个人如果从事的职业与他的个性相适应,工作起来就会得心应手,心情舒畅,容易取得成功。相反,如果职业与性格不相适应,性格就会阻碍工作的顺利开展。

任何事情都有两面性,谨慎可能使人保守;进取心强的人更容易取得成功,但也可能使人草率行事。一个社会心理学教授告诉他的学生:"奋斗通常是指一种强硬的人生态度,主张不屈不挠,能勇往直前。但是在我看来,奋斗包含两个层面——积极斗争和消极适应。适应环境本身就是奋斗的组成部分。只有在此基础上,开辟战场去对待生活才有胜算的光明。"

虽然人的性格一旦形成就难以改变,但这并不是说人们只能顺其自然,人们仍可以通过自身的努力,发挥自己性格的优势,避免或减少性格劣势对事业的影响。

人的性格千差万别,或热情外向,或羞怯内向,或沉着冷静,或火爆急躁。心理学的研究表明,不同的职业有不同的性格要求。虽然每个人的性格都不能百分之百地适合某项职业,但却可以根据自己的职业倾向来培养、发展相应的职业性格。不同性格特征的人,对企业而言,决定了每个员工的工作岗位和工作业绩;对个人而言,决定着自己的事业能否成功。近年来,心理学研究人员根据我国的实际情况,将职业性格分为 9 种基本类型(表 4-4)。

表4-4　职业性格的9种基本类型

类　型	特　征	适合的职业
变化型	在新的和意外的活动或工作情境中感到愉快,喜欢有变化的和多样化的工作,善于转移注意力	记者、推销员、演员
重复型	适合连续从事同样的工作,按固定的计划或进度办事,喜欢重复的、有规律的、有标准的工种	纺织工、机床工、印刷工、电影放映员
服从型	愿意配合别人或按别人指示办事,不愿意自己独立作出决策和担负责任	办公室职员、秘书、翻译
独立型	喜欢计划自己的活动和指导别人活动或对未来的事情作出决定,在独立负责的工作情境中感到愉快	管理人员、律师、警察、侦察员
协作型	在与人协同工作时感到愉快,善于引导别人,并想得到同事的喜欢	社会工作者、咨询人员
劝服型	通过谈话或写作等使别人同意自己的观点,对别人的反应有较强的判断力,并善于影响别人的态度和观点	辅导员、行政人员、宣传工作者、作家
机智型	在紧张和危险的情况下能自我控制、沉着应付,发生意外和差错时不慌不忙,出色地完成任务	驾驶员、飞行员、公安员、消防员、求生员
自我表现型	喜欢表现自己的爱好和个性,根据自己的感情作出选择,通过自己的工作来表现自己的思想	演员、诗人、音乐家、画家
严谨型	注重工作过程中各个环节、细节的精确性。愿意按一套规划和步骤将工作尽可能做得完美,倾向于严格、努力地工作,以看到自己出色完成工作的效果	会计、出纳员、统计员、校对员、图书管理员、档案管理员、打字员

　　绝大部分职业都同时与几种性格类型特点相吻合,而一个人也都同时具有几种职业性格类型的特点。在实际的吻合过程中,应根据个人的性格与职业的要求,具体情况具体处理,不能一概而论。

(四)提高职业成熟度

　　职业成熟度是指个体在完成与其年龄相应的职业生涯发展任务时的心理准备程度。职业成熟度越高,代表对职业的规划与执行能力越强,越能够作出适当的职业选择,进而获得更好的职业发展;反之,职业成熟度越低,则表示对职业的规划与执行能力越欠缺,越有可能作出不正确的职业选择,进而阻碍个人职业生涯的发展。

　　职业成熟受到个体心理发展因素的影响,也受到环境因素的影响。随着个体身心发展到不同状态,以及成长过程中与职业有关的各种环境的变化,个体职业成熟度会形成不同阶段。因此它是一个连贯的并具有阶段性的过程,每个阶段中都有各自的任务需要个体去完成。针对大学生在职业成熟度方面存在的上述问题,有关专家对大学生的职业发展提出了如下建议。

　　1.更新就业观念,学会自我调适

　　在当前严峻的就业形势下,大学生应该更新就业观念,调整就业目标,给自己一个明晰的定位。大学生应在入学后就及时设计自己的职业生涯规划,根据个人和社会的实际情况,明确自己的就业取向,加强在选择职业时的方向性、针对性,从而为自身的职业发展打下扎实的基础。另外,大学生要摆正自己的心态,正视求职过程中所遇到的挫折,要把挫折看作是磨砺意志、锻炼能力的好机会,要善于从挫折中总结经验教训,发现成功的诀窍。毕业生要保持一种积极乐观的心态,掌握科学的心理调适方法,从而及时消除不良情绪,缓解就业所带来的巨大压力。

2. 不断增强个人能力,提升竞争意识

用人单位最为注重的是大学生的综合能力素质。大学生在校期间要把学习当作自己的第一要务,认真学习专业理论知识,提高自身综合能力,并在此基础上,积极主动参加实践活动,初步了解职场的特性、运营方式。还应充分利用实习,将所学与所用有机结合起来,加强自己的动手能力、实践能力,总结和反思实习经验,在较短时间内提高自己的业务水平。另外,大学生要有危机感和紧迫感,认识到当前严峻的就业形势,培养自己的竞争意识,激发学习动力,在奋斗中实现自己的人生理想与价值。

3. 加强就业指导和心理辅导工作

职业成熟度的培养既需要大学生自身的努力,也需要学校的引导和帮助。学校应在学生入学初就开展就业指导工作,帮助学生科学设计职业生涯规划,明确就业方向。学校应不失时机地对大学生开展就业形势和政策教育,使学生对自身的发展有一个明晰的总体把握。学校要引导大学生转变就业观念,确定合理的就业期望,以务实的态度去寻求就业机会;学校还应通过开设必修课、选修课和讲座的形式向大学生介绍搜集就业信息的渠道、招聘的程序、求职的技巧等知识,为学生提供富有针对性和实效性的职业技能培训或学习机会,以增强学生的求职技巧与求职能力。另外,学校还要加强对学生的心理干预和心理辅导,加强对学生心灵的关怀。学校要积极排解学生因就业压力而产生的心理问题,引导学生总结经验教训,帮助学生重新树立勇气和信心,增强抗挫折能力。学校还要对那些职业成熟度较差或出现严重心理障碍的学生进行一对一的指导,帮助他们尽快走出困境。

第三节　职业探索

职业探索是大学生创业就业的向导,也是其实现人生价值的保证与提升就业竞争力的重要基础。大学生的职业探索会受到家庭环境、个人发展和学校教育多方面的影响。自我认识不深入、信息搜集不充分、系统支持的缺乏是目前高校大学生职业探索阶段的特点。家庭的榜样作用、学校的支持以及政府和企业的社会责任是高等院校学生职业探索的有效路径。随着社会的不断发展和市场竞争的不断加强,高等院校学生就业和生存面临前所未有的压力,就业难、就业后适应能力差等问题凸显,职业发展教育越来越引起人们的关注与重视。职业探索会影响学生的择业行为与择业结果,其质量是获得职业成功的保障,正确培养和锻炼学生的职业探索能力是职业发展的重要环节。

一、职业世界探索的重要性

职业探索影响学生的职业发展与创业就业选择,它让高校大学生更好地了解自己喜欢的工作,提高自己的工作能力。

1. 职业探索是大学生创业就业的向导

职业探索是个人发展和社会需求相统一的过程,大学生通过职业探索形成自己的职业想法,通过不断地摸索和实践,找寻最适合自己的职业发展路径。理性且合适的职业探索可以引导大学生进行正确的职业选择,激发斗志,为实现其理想而奋斗。因此,职业探索是高校大学生创业就业的起点和成就事业的原动力。

2. 职业探索是大学生实现人生价值的重要保证

职业生涯占据了人一生一半以上的时间,它是人生最重要的阶段。面对目前严峻的就业压力,职业生涯规划已经成为大学生的潮流,而职业探索不仅可以提供良好的职业规划,更能激发大学生实现人生价值的动力,促进他们进行深入的职业实践,在实践中认识自我,及时修正并反馈自己的决定,实现真正的职业生涯规划。

3. 职业探索是提升大学生就业竞争力的必要条件

从紧张的高中生涯转入宽松的大学生活,大学生会表现出很多的不适应,陷入迷茫和慌乱。入学初期,他们没有意识去培养一些职业技能,直到临近毕业才感到压力。没有专业技能又想找一份高薪工作,没有基本的职业技能却想着自己创业,这种没有准备的求职只会让自己淹没在求职人海中。事实上,从进入大学的那一刻起,高校大学生就应对自己进行评估,全面了解、评估自己,针对优势不断加强并加以利用,针对劣势勇敢面对并慢慢弥补,不断提高自身的综合竞争力,使自己在就业时更具竞争力。

二、职业世界探索的主要内容

职业世界探索的内容包括宏观工作世界和微观工作世界。宏观工作世界的现状包括经济形势、经济发展水平、收入水平、人口环境、劳动力市场供求状况、产业结构调整、新技术革命、行业发展等。微观工作世界包括企业的文化、制度、工作内容和职责,工作要求的知识、技能和素质,工作要求的资历和资格,工作的可发展空间、薪酬待遇和福利等。最终,要在探索的过程中,形成预期的职业库,便于自己在更为精确的范围里,结合实际情况进一步选择与自己契合度最高的职业。

三、探索职业世界的方法

1. 形成自己预期的职业库

很多同学不知道如何进行工作世界的探索,其中一个很重要的原因就是工作世界的信息浩如烟海,根本搞不清应该从哪儿入手,更谈不上如何进行了。如果有一个探索范围,则会容易很多。通过上文所述的自我探索可以帮助个人初步形成一个探索的范围。通过自我探索中的兴趣、性格探索,每一部分最后有相应适合的职业出现。此外,自己心目中理想的目标职业,也可以把它们列出来。这样就获得了一个职业清单,看看这些职业有什么共同点,就可能从中获得启发,想到更多值得探索的职业。然后结合能力和价值观再次从职业清单中进行筛选,最终得到预期的职业库。

作职业信息调查和职业决策时,目标及其信息太多容易让人迷失,反而拿不定主意;而调查的目标范围过窄,又起不到让当事人了解客观事实的作用。所以,在形成预期职业库的时候,"库"既不能过大,也不能太小,必须根据自己的情况做适当平衡。一般而言,把5～10个职业放入预期职业库比较适中。

2.用职业分类的方法帮助探索工作世界

工作世界纷繁复杂,职业的种类也层出不穷,要在各式各样、千奇百怪的职业丛林中顺利找到合适的目标职业,形成预期职业库实属不易。为此可以借助职业分类的方法,按"类"设"库",把某一类或某几类职业作为目标对象,进行深入探索,对相关职业信息作进一步的调查分析。通过行业(产业)分类和职业分类的方法,可以深入了解工作世界,具体内容在本章第一节已经介绍过。

3.其他探索工作世界的方法

(1)由近至远的探索方法。所谓近和远,是指信息与探索者的距离。通常近的信息比较丰富,远的信息更为深入;近的信息较易获得,远的信息则需要更多的投入和与环境的互动才能了解。所以,从近至远的探索是一个范围逐渐缩小、了解逐渐加深的过程。图4-1列举了从近到远获取信息的一些方式。

图4-1 从近到远获取信息的方式

(2)生涯人物访谈。生涯访谈是获得具体职业生涯详情最有效的方法之一,是对处在感兴趣职位上的人进行访谈。可以帮助学生获取完整而准确的职业信息;获取最新的职业信息;确定专业实力和不足;扩大职业人际关系网;树立工作面试的信心;从内部看组织,以便作好心理准备;对于创业者来说,还可以了解创业过程的困难,以便作好充分准备。

开展一次有效的生涯人物访谈,我们一般可以按照以下流程来进行:

①认识和了解自己。加强对自己的了解和认识,可以借助一定的工具(如霍兰德职业倾向测试、职业能力测量表、职业价值观自测量表或测评软件)分析自己的兴趣、性格、技能和工作价值观(注意:可以使用各种测评工具或软件,但不能迷信)。

②寻找生涯人物。结合自己的兴趣、技能、工作价值观、教育背景和已掌握的职业知识列出未来可能从事的几个职业,然后在每个职业领域寻找三位以上的在职人士作为生涯人物。生涯人物可以是自己的亲人、老师和朋友,也可以是他们推荐的其他人,还可以借助行业协会、大型同学录或某个具体组织的网页来寻找其他职场人士。

③拟订访谈提纲。结合目标职业信息设计访谈问题,对生涯人物的访谈可以围绕以下要点进行:行业、单位名称、职业、职位、工作的性质类型、主要内容、地点、时间、任职资格、所需技能、市场前景、行业相关信息、工作环境、工作强度、福利薪酬、工作感受、工作满意度等。

④预约并实地采访。预约方式有电话、QQ、电子邮件和普通信件等,其中电话效果最佳。预约时首先介绍自己,然后说明信息获得途径、采访目的、感兴趣的工作类型以及进行采访所需时间(通常30分钟左右,最后要确认采访的时间和地点)(注意:联系前的准备要充分,电话联系时还应备好纸和笔,以备临时电话采访)。

⑤访谈结果分析。在一个职业领域采访三个以上的生涯人物后,用职业信息加工的观点来分析,将之前自己对职业的认识进行比较,找出主观认识与现实之间的偏差,确定自己是否适合这一行业、职业和工作环境,是否具备所需能力、知识与品质,形成书面总结报告,进而详细制订大学期间的自我培养计划。如果访谈结果与自己之前的认识严重脱节,就有必要进入另一个职业领域,开展新一轮人物访谈。

开展生涯人物访谈的注意事项:采访的方法可以是电话采访、当面采访,也可以通过邮件或书信采访。效果最佳的是在访谈对象所在单位(或职业场所等)面对面地采访,这样你可以对自己感兴趣的职业工作环境有实地的了解,但尽量不要用QQ交谈,那样太不珍惜他人时间,况且也说不清楚;采访前,自己需要作充分的准备,比如准备好提纲、录音笔(必须经过被访者同意)、记录的纸笔等。生涯人物访谈的目的,一是了解职业的具体情况,二是与被访者建立良好的人际关系,增加自己得到实习和工作岗位的机会。找到合适的采访对象是个问题,但不是影响做职业访谈的决定性因素。其实采访之后就会发现,如何得出想要的答案才是最难的。提出的问题要经过仔细思考,不能漫无目的地问;确定贵人是偶然的,但如果不去访谈,贵人是不可能自动且主动地出现的;最少要访谈10个人,其实在一个时间充裕的暑假,即使访谈30个人也是不成问题的;整理录音或记录文字是件烦琐的事,但这是必须做的事情,除非对方用文字作答;最好搭个伴儿,这样一起敲陌生人的门或者访谈时会有个照应,更重要的是鼓励自己完成此次职业访谈作业。

职业生涯访谈问题提纲（参考版本）

1. 在这个工作岗位上，你每天都做些什么？

2. 你是如何找到这份工作的？

3. 你是如何看待该领域工作将来的变化趋势的？

4. 你的工作是如何为实现组织的总体目标或使命贡献力量的？

5. 你所在领域有"职业生涯道路"吗？

6. 本职业需要什么样的人？

7. 到本领域工作的基本前提是什么？

8. 就你的工作而言，你最喜欢什么？最不喜欢什么？

9. 什么样的初级工作最有益于学到尽可能多的知识？

10. 本领域初级职位和略高级别职位的薪水是多少？

11. 工作中采取行动和解决问题的自由度如何？

12. 本领域有发展机会吗？

13. 本工作的哪部分让你最满意，哪部分最有挑战性？

14. 什么样的个人品质或能力对本工作的成功来讲是重要的？

15. 你认为将来本工作领域潜在的不利因素是什么？

16. 本工作需要特别的知识、技能和经验吗？

17. 这种工作需要什么样的教育或培训背景？

18. 公司对刚进入该工作领域的员工提供哪些培训？

19. 还有哪些方法能帮助我深入了解该工作领域？

20. 你认识的人中有谁能做我下次的采访对象吗？当我打电话邀请他(她)采访的时候，可以用你的名字吗？

21. 据你对我的教育背景、技能和工作经验的了解，你认为我在作出最终决定之前还在哪个领域、什么样的工作上进行过深入调查研究呢？

生涯人物访谈处于近与远的中间，在效率和信息的真实性上有比较好的平衡。这种方式是指同学们对身居自己感兴趣职位的人进行采访。接受采访者最好是在这个职位上已经工作了3~5年甚至更长时间。为防止受采访对象的主观因素影响，应至少访谈三个人物，既与成绩卓然者谈，也与默默无闻者谈。访谈时，同学们应明确访谈的目的是收集供职业生涯决策的信息，而不是利用生涯人物来找工作，以免引起双方的尴尬。建议同学们在正式进行访谈前，至少做两件事：一是为自己准备一个"30秒广告"，因为在访谈过程中，对方可能会问到自己的一些情况，比如自己的职业兴趣和目标等；二是对需要提出的问题作一些准备，这样有助于访谈的深入进行，取得较高的效率。

当然，大家可以根据自己的需要进行整理，但对生涯人物关于工作的主观感受应该了解一些。比如，可以问："就你的工作而言，你最喜欢什么？最不喜欢什么？"这常常能让大家更立体地了解一种工作。另外，给生涯人物留出提供其他信息的机会，说不定会让人有意外的收获。最后,不要忘记感谢接受访谈的生涯人物,最好在访谈结束当天发一份电子邮件或发一条手机短信表示谢意。目前,我们身处一个资讯发达的时代,了解职业世界的方法有很多,如浏览各种网页上的政府就业专栏、专业求职网页等,参加行业展览会,进行职场模拟面试,职业角色扮演等都是不错的途径和方法。对于工作世界的探索,只讲方法是不够的,关键还要做到有心,随时留意周围的信息。一次谈话、一份身边的广告,都可能帮助你逐渐建立起对工作世界的了解。另外,对于工作世界的探索只有太晚,没有太早。

(3)文案调研法。在针对职业信息进行调查时,通过收集二手资料、文献等了解职业信息,也是比较常用的方法。文案调研又称二手资料调研或文献调研,是指根据一定的研究目的,通过对收集到的、与调查课题相关的各种信息和情报资料等进行分析、研究,获得调研成果的一种调研方法。

①从文献方面对职业信息进行调查,主要步骤:确定查询渠道→进行文献检索→实施文献收集→展开文献鉴别→文献的研究与应用。

②从二手资料入手收集职业相关信息,一般有以下方式:a.通过查看企业内部资料获取职业信息,如了解企业岗位的设置、工作任务等。b.通过网络获取职业信息。二手资料的网上搜集主要通过搜索引擎查找所需信息的网址,然后进行访问。c.通过行业协会和商会获取二手资料,如想了解行业集中度、行业中企业的市场占有率、各行业中相对应的职业情况,各行业的发展趋势等相关内容,都可以从行业协会、商会中获得。d.通过研究机构和调查机构获取二手资料。不少经济、工商业研究所和调查咨询公司经常发表的相关行业的市场调查报告和专题评论文章,能提供大量的背景材料。e.通过各类会议获取二手资料。主要渠道有学校、政府、公司招聘会、供需洽谈会、人才交流会、网络人才交流会、各种博览会、展销会、交易会、专业性和学术性经验交流会等。f.通过新闻媒体获取二手资料。一般刊物的出版机构以及广播网和电视网每天都会传播大量的正规信息资料,这对调查者来说,也是重要的资料来源。

(4)观察法。观察法是研究者有目的、有计划地在自然条件下,通过感官或借助一定的科学仪器,对社会生活中有关人们行为的各种资料进行收集的过程。观察法也是我们了解职业信息的有效方法,还可以通过了解工作程序、工作演示等来知晓职业信息。

①准备阶段。该阶段需要实施的工作内容包括:a.检查文件,形成工作的总体概念。b.工作的使命、主要职责和任务、工作流程。c.准备一个初步的观察任务清单,作为观察的框架。d.为数据收集过程中涉及的还不清楚的主要项目做注释。

②进行观察。在部门主管的协助下,对员工的工作进行观察。在观察中,要适时做记录。

③进行面谈。根据观察情况,最好再选择一个主管或有经验的员工进行面谈,因为他们了解工作的整体情况以及各项工作任务的配合。这个环节需要确保所选择的访谈对象具有代表性。

④合并工作信息。这个环节包括两个任务:一是要检查最初的任务或问题清单,确保每一项内容都已经被回答或确认。二是进行信息合并,把所收集到的各种信息,包括主管、工

作者、现场观察者、有关工作的书面材料等合并为一个综合的工作描述。在合并阶段，工作分析人员应该随时获得补充材料。

⑤核实工作描述。这个阶段有三个步骤：第一步，要把工作描述分发给主管和工作的承担者，并附上反馈意见表。第二步，根据反馈意见表，逐句检查整个工作描述，并对遗漏和含糊的地方作出标记。第三步，召集所有观察对象进行面对面交谈，补充工作描述遗漏的东西，明确其含糊的地方，最终形成完整和精确的工作描述。

（5）问卷调查法。问卷调查法也称书面调查法或填表法。这是用书面形式间接收集研究材料的一种调查手段，是一种通过向调查者发出简明扼要的征询单（表），请求填写对有关问题的意见和建议来间接获得材料与信息的方法。问卷调查法包括问卷设计、问卷调查、调查结果汇总等阶段。核心环节就是问卷设计。成功的问卷设计应具备三个功能：一是能将所要调查的问题明确地传达给被调查者。二是能够让对方合作，并取得真实、准确的答案。三是问卷应具有一些自我检测的功能，帮助确定被访者回答问卷的认真程度。

在校大学生要了解职业信息，通过问卷调查也是一个不错的途径，可以自己设计问卷，然后带着问卷走访企业、机构、企业家、工人、专家，从他们那里了解职业信息，了解现在的职业世界。

【生涯案例】

体验是最好的职业认知方式

杨晓，某高校工业工程专业毕业生。在大三的时候，杨晓为了真正了解自己的专业，了解专业在行业的实际应用，义无反顾地踏上了开往广州的列车。目的或许过于单纯：他只想知道车间长什么样子，流水线长什么样子，专业知识和专业技能运用在什么地方。刚刚抵达广州，还没来得及欣赏美丽的城市，他已被突如其来的大暴雨淋透全身。当时举目无亲，他熬过四十多天的打工生活，第一份工作的脏、累、苦至今记忆犹新。回想起走过的那段日子，他为自己当时的决定和勇气而自豪。他的目标实现了：工厂看到了，流水线看到了，专业的前景和自己的发展方向也看到了，更重要的是他收获了很多行业的前沿发展资讯和职业的真实体验。这些为他的职业生涯规划提供了最直接的决策依据，同时也使他坚定了到华硕公司工作的决心。

四、职业探索的十大任务

1. 职业描述

职业描述，就是定义这个职业的内涵。它是对职业最精练的概括和总结，是透彻理解职业和调研职业的基础。

2. 职业的核心工作内容

每个职业都有核心的工作职责，职责背后对应的就是工作内容，即这个职业一般都干什么活,什么工作是这个职业必须要做的。了解职业的核心工作内容,有利于了解完成工作内容背后的必须要具备的工作能力,这样就很容易找到和自己之间的差距,从而有目的地提高相关能力以完成工作内容。在多大程度上了解工作内容,是衡量一个人对工作的熟悉和喜欢的重要标准。成熟的职业都有权威的人事部门为其总结确定的核心工作内容,一些企业的招聘广告中也有对工作内容的描述,还可以请教一些行业协会,或是从事这个职业的资深人士、一般企业的人事部门和直接部门经理也有对职业的具体感悟。

3. 职业的发展前景及其对社会生活的影响、作用

职业的发展前景,是国家、社会等对这个职业的需求程度,具体包括三个问题,即职业在国家阶段发展中的作用,职业对社会和大众的影响,职业对生活领域的影响。也就是说,不仅仅要知道这个职业对国家、对社会、对行业有用,也要知道这个职业对大众、对生活的影响,以及群众、对其依存度和评价。职业的发展前景,尤其是国家的导向,是促进职业发展的黄金动力,知道日后从事职业的发展轨迹就能更好地判断自己是否能切入及切入点如何选择了,尤其要注意对大众、对生活的影响,因为大众的才是永恒的。职业在国家发展中的作用一般都有劳动部门的权威预测,但对社会和生活的影响这部分是真正要自己去调研的,要去访问这个职业的资深人士。

4. 薪资待遇及潜在收入空间

职业是社会分工的产物,职业根据参与社会分工的量来确定相应的报酬,在不同的行业、企业、岗位上还有一些潜在的收入空间。能赚多少钱是大多数人都关心的话题,很多人也会把赚多少钱作为择业的关键因素,所以在考量职业时要重点调研职业的薪资状况。其实每个职业起薪都差不多,但都有极致,都有天价,能力不断提升的背后就蕴藏着高薪。一个职业是有薪资调查的,如前程无忧的调查,还有诸如网友们的晒工资,以及天涯职场论坛上的讨论等。

5. 岗位设置及不同行业、企业间的差别

一般来说,一个职业是有一系列岗位划分的,如人事工作的岗位就分招聘、考核等很多具体岗位,而不同行业、不同性质、不同规模的企业对岗位的划分和理解也有很大不同,很可能同样都叫一个名字,但干的工作却完全不一样。了解职业的岗位设置,能加深对职业外延的理解,知道职业的具体岗位后,就可以针对性地与自己比较,也知道职业有什么重要标志。不同行业对职业(岗位)的理解和要求也是有差异的,而具体的企业就是千差万别了。一般来说,人事权威网站、职业分类大典、业内资深人士是比较了解这个职业的具体岗位设置情况的。

6. 入门岗位及其职业发展通路

入门岗位是指针对应届毕业生的工作,职业的一些中低端岗位是面向大学生开放的。还要了解一个岗位对应的日后职业发展通路是什么,这个岗位有哪些发展途径,最高端岗位是什么。即使看好这个职业,但也是要从底层工作做起的,而入门岗位就是提供给毕业生的敲门砖。所以,一定要知道能通过哪些岗位进入这个职业。从企业的每年校园招聘里就能

看到哪些岗位是针对应届生的,如一些校园招聘网站就可以找到这些信息。

7. 职业标杆人物

研究职业标杆人物,就是了解在这个领域谁做得最好,他是怎么做到的,他都取得了什么成绩、遇到了什么困难、具备什么素质等。每个职业都有一流的人物,无论是在国内还是在国外。研究职业标杆人物,可以让自己了解其奋斗轨迹,让自己在"追星"中加深对职业的了解,也会让你在这个职业领域找到奋斗的途径。

8. 职业的典型一天

职业的典型一天,更多是在访谈中完成的,图书馆也会有这方面的书。了解职业的典型一天是判断自己是否适合这个职业的重要指标,如果这个职业的典型一天并不是你想要的,就不用再为之而努力去学习、去准备、去做这个职业了,所以这个过程是很关键的。尤其要考虑自己是否接受这个工作对个人生活的影响。职业的典型一天,在职业的核心工作内容中会有涉及,但具体到个人的资料就不多了,所以更多的还是要自己去访谈做这个职业的人,这样体会才更真实。

9. 职业通用素质要求及入门具体能力

职业通用素质要求是指从事这个职业的一般的、基本的要求。主要是个人通用素质能力,即能把这个工作做好的要具备的能力。通过职业的外在素质要求的了解,对比自己是否能够胜任,还有哪些要加强和补充的能力,从而可以将之规划到大学生活里。其实每个岗位的岗位描述中的任职资格都有介绍,只是这次要把它整理出来,尤其要加上职业访谈中的内容,列出10项最常用的能力,然后与自己一一对照,从而促进发现和认识自我。

10. 工作与思维方式及对个人的内在要求

工作与思维方式是你做好、做精工作的保证,有些工作对人的内在要求是很高的,如态度等,这些是从内在来判断是否适合和喜欢一个职业的核心标准。从内在出发来判断是否喜欢是科学的,因为职业是客观的,只是因为选择了职业才会有是否愿意做、适合做等问题的产生,所以当考量职业的方方面面之后,最后一关就是对职业所要求的内在盘点。岗位描述中的任职资格也会有对其内在素质的要求,还有业内普遍认为的个人素质,还要考虑不同行业、不同类型企业的差异。

第五章　大学生职业生涯规划的制订与实施

　　职业生涯规划是对自己职业生命的一种精细管理。把自身的特长、兴趣爱好与社会需求结合起来考虑，不是一件简单的事情，从自我剖析到制订目标，再到正确执行，其中都充满了变数。在竞争日趋白热化的今天，我们唯一可以确定的就是未来是不确定的，所以要不断地学习、充实自己，打造自己的核心竞争力，这样才有可能实现完美的人生。

【案例导入】

　　林先生的专业是计算机应用，他于2002年7月本科毕业后到广州工作。他先在公司研发部做了一年软件开发，后被派到销售部做技术支持及售后服务，3个月前又被任命为总经理助理。毕业后几年里经过了好几次职位的变动，他觉得自己现在对哪一行都学得不深，不知道以后该如何选择自己的职业道路。现在所学的专业知识正在荒废，本职工作又开始失去新鲜感和挑战，他总是感到危机重重。

　　我们在其职业生涯规划中能提供哪些建议？

　　剖析及建议：这是许多初出茅庐的年轻人容易走进的一个盲区，在这个计划没有变化快的知识经济时代里，有太多的目标会因为现实状况而不断修改，我们总是听到太多诸如"现实太残酷""这世界很精彩，可惜我很无奈"的抱怨。所以，职业生涯规划对处于任何职业年龄的人来说都很重要，特别是对步入社会不久的年轻人，良好的职业生涯规划将有助于重新认识自己，并对职业发展起到重要的导向性作用。

　　职业生涯规划的第一件事是全面的自我剖析，先了解自己的性格、技能和兴趣，才可以知道自己最适合从事什么样的工作。我们都知道，叫一个外向的、爱交际的人去做会计，他可能会经常出错；派一个学技术或会计的人去跑销售，业绩不会很好。所以，知道自己能干什么和不能干什么，喜欢做什么和不喜欢做什么非常重要，也许一个综合的人才测评会给你准确的答案。

　　影响一个人职业规划的因素有天赋和能力、工作动机和生活需要、人生观和价值观等。虽然说天赋是遗传基因在起作用，但其他因素还是取决于后天的努力和环境的影响。所以，环境造就人，成长环境往往会影响人的性格、悟性等。

　　仔细剖析完自己之后，要考虑现在公司提供的职位是否有学习和成长的空间，是否还能提供其他职位，有哪些升迁的机会。如果公司无法提供适合的职位，也不能规划升迁路线，那么换工作是最好的选择。在规划自己的职业生涯时,要大处着眼、小处着手,设立阶段发展的目标,比如详细描述出自己三年、五年,甚至十年后的工作和生活环境,然后把目标分解到年度、月度计划,把自己变成大海里一艘有目标的帆船,才能把好方向,让所有的风都变成顺风。

职业生涯规划不是算命,是对自己职业生命的一种精细管理。要把自身的特长、强项、兴趣爱好与社会需求捆绑起来考虑,这不是一件简单的事情。从自我剖析到制订目标,到正确执行,其中都充满了变数,在竞争日趋白热化的今天,我们唯一可以确定的就是未来是不确定的,所以你要不断地学习,充实自己,打造自己的核心竞争力,才能在职场中不断得到升迁。

第一节　职业生涯规划的基本概念

一、职业生涯概述

(一)职业生涯的内涵

1.职业的概念

职业的概念由来已久,对职业概念的界定主要是从社会学和经济学角度进行的。

从社会学角度出发,职业含义包括四个方面的内容:第一,职业是社会分工体系中的一种社会位置;第二,职业是一种模式;第三,职业与权力、利益紧密相连;第四,职业是国家确认和认可的。

经济学中对职业含义的解释也包含四个方面的内容:第一,职业是社会分工体系中劳动者所获得的一种劳动角色;第二,职业是一种具有社会性的活动;第三,职业具有持续性和稳定性;第四,职业具有经济性。

综合而言,职业是参与社会分工,利用专门的知识和技能,为社会创造物质财富和精神财富,以获得合理报酬作为物质生活来源,并满足精神需求的活动。职业包含以下几个方面的含义:首先,与人类的需求和职业结构相关,强调社会分工;其次,与职业的内在属性相关,强调利用专门的知识和技能;再次,与社会伦理相关,强调创造物质财富和精神财富,获得合理报酬;最后,与个人生活相关,强调物质生活来源,并同时满足精神生活需求。

职业不是人类社会一经形成便立即出现的,而是在人类社会发展到一定的阶段,出现社会分工后的产物。很多职业的产生和消亡都证明了这一点。在社会需求的推动下,新的职业会不断产生。在新的职业相继诞生时,那些不再为社会所需要的职业会逐渐萎缩直至消亡。因此,我们在选择职业类型时不仅要考虑个人职业发展意愿,更要考虑时代进步所引起的社会需求的变化。

2.职业生涯的概念

生涯一词由来已久。"生"原意为"活着","涯"为"边际","生涯"连起来是"一生"的意思,可以理解为贯穿个人一生的各种活动。从字源看,"生涯"的英文来自罗马及拉丁文,指古代的战车,后来又引申为道路,即人生的发展道路,或指个人一生的发展过程,也指个人一生中所扮演的系列角色与职位。

不同的学者从不同的角度对职业生涯进行了界定,对概念一般有广义和狭义两种理解。广义的职业生涯是指从职业兴趣的培养、职业能力的获得,到选择职业、就职,直至最后退出职业劳动这样一个完整的职业发展过程;狭义的职业生涯是指从踏入社会开始,包括从事工作之前的职业训练或职业学习,直至职业劳动的最终结束,离开工作岗位为止。

具体地讲,职业生涯是以心理开发、生理开发、智力开发、技能开发、伦理开发等人的潜能开发为基础,以工作内容的确定和变化,工作业绩的评估,工资待遇、职称、职务的变动为标志,以满足需求为目标的工作经历和内心体验的过程。

职业生涯相对于其他生涯而言,有自身的特点,具体如下:

(1)独特性。每个人从事某种职业的条件是不同的,对未来职业的憧憬是有差异的,对职业评价的角度是不一致的,在职业选择的态度上是多样性的,每个人在职业生涯过程中做出的努力也不尽相同,从而使每个人的职业生涯呈现出与他人有区别的个性化。

(2)发展性。每个人的职业生涯,都是一种发展、演进的动态过程,是一个个体逐步实现其职业生涯目标,并不断判定和实施新目标的过程。这个发展过程有两种形式:一种是职务的升迁,指在同一职业甚至同一单位中,一个人职位的不断晋升;另一种是职业的改变,指一个人所从事工作内容的改变。

(3)阶段性。每个人的职业生涯发展过程都有着若干个不同的阶段,绝不可能总是停留在一个阶段上。职业生涯的各个阶段是紧密相连的,一般来说,前一个阶段是后一个阶段的基础,后一个阶段是前一个阶段的发展,各个阶段之间具有递进性。每个人在不同的职业生涯阶段的目标和任务是不相同的。

(4)整合性。职业生涯涵盖了人生整体发展的各个方面,而非仅仅局限于工作或职位。每个人在职业生涯发展过程中或者从事某项工作时,不是孤立地干工作,而是与自己的家庭、业余生活等紧密地联系在一起的。每个人所从事的工作,往往决定他的生活状态,而且职业与生活两者之间又很难区别。

(5)互动性。个人的职业生涯是个人与他人、个人与环境、个人与社会互动的结果。人是社会的人,人不能脱离社会而存在。个人职业信息的掌握、职业选择的观念、职业生涯的状态、职业能力的锻炼,对其他人会产生影响。好的环境能坚定个人从事某种职业的信念,社会上新职业的出现,职业需求的变化,则会使个人对自己未来职业生涯重新进行思考。

(二)职业生涯的分类

美国职业心理学家 E. H. 施恩最早将职业生涯分为外职业生涯和内职业生涯,我国学者程社明也对此进行过系统研究。一般认为,外职业生涯是一个人在一生中所从事的各种职业的总称,是客观的职业,可以理解为从业时的工作单位、工作地点、工作内容、工作职务与职称、工作环境和工资待遇等因素的组合及其变化过程。外职业生涯通常由别人决定、给予和认可。在外职业生涯中外因很重要,外职业生涯因素可能常与自己的付出不符,尤其在职业生涯初期。有的人一生疲于追求外职业生涯的成功,但内心极为痛苦,因为他们往往不了解外职业生涯发展是以内职业生涯发展为前提条件的。

内职业生涯是人一生中价值观、为人处世态度与动机变化的过程,同时也包括个人具有的能力、学识、观念、经验、心理素质、身体素质、内心感受等。内职业生涯主要靠自己不断探索获得,在内职业生涯中内因是主导。与外职业生涯的构成因素不同,内职业生涯各构成因素的内容一旦取得,别人便不能收回或剥夺。内职业生涯是真正的人力资本所在,提高内职业生涯所取得的工作成绩,会转化为外职业生涯的成功。

如果用一棵树来比喻内、外职业生涯,树干、树冠、树叶、果实等都属于外职业生涯。谁都希望自己的职业生涯之树苗壮挺拔、枝繁叶茂、郁郁葱葱、硕果累累,但这样一棵参天大树并不是凭空长成的,地下庞大的根系给了它强有力的支撑,汲取并输送着大树所需的营养,而这庞大的根系就属于内职业生涯。这一自然规律告诉我们,内职业生涯的发展是外职业生涯发展的前提,内职业生涯的发展带动外职业生涯的发展。内职业生涯在人的职业生涯成功乃至人生成功中具有关键性的作用。因而,在职业生涯的各个阶段,我们都应重视内职业生涯的发展。对于尚未毕业的大学生以及处在职业生涯早期的新员工而言,一定要把对内职业生涯各因素的追求看得比外职业生涯的发展更重要。

二、职业生涯规划概述

1. 职业生涯规划的内涵

职业生涯规划,有时也称职业生涯设计,或简称生涯规划。这一概念是由管理专家威廉姆·J.罗斯威尔最先提出的。他认为:"职业生涯规划就是个人结合自身情况及眼前制约因素,为自己实现职业目标而确定行动方向、行动时间和行动方案。"职业生涯规划是指客观认知自己的能力、兴趣、个性和价值观,发展完整而适当的职业自我观念,个人发展与组织发展相结合,在对个人和内部环境因素进行分析的基础上,深入了解各种职业的需求趋势以及关键成功因素,确定自己的事业发展目标,并选择实现这一事业目标的职业或岗位,编制相应的工作、教育和培训行动计划,制订出基本措施,高效行动,灵活调整,有效提升职业发展所需的决策、执行和应变技能,使自己的事业顺利发展,并获取最大限度的成功。简言之,职业生涯规划是指个人结合自身情况、眼前的机遇及制约因素,为自己确立职业方向、职业目标,选择职业道路,确定教育计划、发展计划,为实现职业生涯目标而确定行动时间和行动方案。

个人职业生涯规划一般包括自我认知、目标设定、目标实现策略、反馈与修正四个方面的内容。

(1)自我认知。自我认知是指全面、深入、客观地分析和了解自己。首先要弄清自己为人处世所遵循的价值观念,明确自己为人处世的基本原则和追求的价值目标;其次要熟悉自己掌握的知识与技能,同时,还应剖析自己的人格特征、兴趣、性格等多方面的个人情况,以便了解自己的优势和不足。通过这几个层次的自我认知之后,对自己形成一个客观、全面的认识和定位。

(2)目标设定。目标设定是在上述自我认知与定位的基础上,设立明确的职业目标。如"在40岁前成为某外资企业集团的人力资源部主管"就是一个较为明确的目标设定。就整个个人职业生涯来说,目标设定可以是多层次、分阶段的。越来越多的人为了追求挑战,愿意在职业生涯中从事不止一种职业。当然,有时是环境迫使我们放弃原有的职业。一个多层次的目标设定可以使人更快地摆脱窘境,保持开放、灵活的心境。一个远大雄伟的目标必须分解成若干易于达到的阶段性目标。由于职业生涯跨越了个人的青年、中年乃至老年阶段,加之人在各个时期的体能、精力、技能、经验及为人处世有明显差别,因此应有针对性地制订阶段性目标。

(3)目标实现策略。目标实现策略是通过各种积极的具体行动与措施去争取职业目标的实现。目标实现的内容不仅包括个人在工作中的表现及业绩,还包括超出实用工作之外的一些前瞻性的准备,如参加进修班学习,掌握一些额外的技能或专业知识(如进修第二外语,攻读MBA、MPA学位等)。此外,目标实现还包括为平衡职业目标和其他目标(如生活目标、家庭目标)而做出的种种努力。如果忽略了后两者的努力,要想长久保持工作中出色的表现几乎是不可能的,职业目标的实现也会遇到许多牵扯精力的障碍。目标实现的策略很多,如撰写求职简历、参加面试应聘、商议工资待遇、制订和完成工作目标、参加公司举办的培训和发展计划、构建人际关系网、谋求晋升、参加业余时间的课程学习以及准确换工作等,都可以看成目标实现的具体措施。

(4)反馈与修正。反馈与修正是指在实现职业生涯目标的过程中,根据实际情况自觉地总结经验和教训,修正对自我的认知和对最终职业目标的界定。人只有在工作实践中,才能更清楚、更透彻地自我认知和定位,才能弄清自己喜爱并适合从事什么职业。因此,对于职业目标的描述界定,在刚开始时,大多数人是模糊抽象的,有的甚至是错误的。

在经过一段时间的工作之后,有意识地回顾自身的言行得失,可以检验自我定位是否准确,自己对职业目标的方向设定对不对。研究表明,许多人都是在经过一段时间的尝试和寻找之后,才了解自己到底适合从事什么领域的工作,这段时间在缺乏反馈和修正的情况下可能长达十几年。即使自我定位和目标设定正确,反馈和修正同样可以纠正分阶段目标中出现的偏差,同时可以极大地增强实现目标的信心。

职业生涯规划强调的是个人该如何为自己作出适当的选择,焦点也在于探讨个人如何规划自己未来的生涯发展。职业生涯规划的目的绝不仅仅是帮助个人按照自己的资历条件找到一份合适的工作,达到与实现个人的目标,更重要的是帮助个人真正了解自己,为自己定下事业大计,进一步详细估量内、外环境的优势和限制,设计出合理可行的职业生涯发展方向。对自己的职业生涯进行规划,就是将自己的理想化为实用的人生,就是把对未来事业发展的预期转变为明确的行动步骤与方案。

2.职业生涯规划的分类

(1)按照规划的对象进行分类。按照规划的对象,职业生涯规划分为个人的职业生涯规划和组织的职业生涯规划。个人的职业生涯规划是指个人结合自身情况及眼前的机遇和制约因素,为自己确立职业目标,选择职业发展道路,确定发展计划和教育计划等,并为自己实现职业生涯目标而确定行动方向、行动时间和行动方案。在任何社会、任何体制下,个人职业设计更为重要,它是人的职业生涯发展的真正动力和加速器。其实质是追求最佳职业生涯发展道路的过程。

组织的职业生涯规划是由组织的人力资源管理部门根据组织发展需要而采取的一种现代管理方式,用以了解员工、激励员工,从而发掘、留用优秀人才,其根本目的在于组织的发展与需要。

(2)按照规划的时间进行分类。职业生涯规划还可以按照时间的维度分为人生规划、长期规划、中期规划与短期规划四种类型。从字面上看,个人职业生涯规划从短期(1~3年)到中期(5年左右),再到长期(10年左右),直至整个人生规划,如同台阶一样需要一步步地往上走。

职业生涯规划类型如表5-1所示。

表5-1 职业生涯规划类型

类 型	定义及任务
人生规划	整个职业生涯的规划,包括从求学阶段的学业规划到退休之后的生活规划,设定整个人生的发展目标,如规划成为一个有数亿资产的公司董事
长期规划	5~10年的规划,主要设定较长远的目标,如规划30岁时成为一家中型公司的部门经理,规划40岁时成为一家大型公司副总经理等
中期规划	一般为2~5年内的目标与任务,如规划到不同业务部门做经理,规划从大型公司部门经理到小公司做总经理等
短期规划	2年以内的规划,主要是确定近期目标,规划近期完成的任务,如对专业知识的学习,2年内掌握哪些业务知识等

但在实际操作中会发现,时间跨度太长的规划因环境和个人自身的变化通常难以把握,而时间跨度太短的规划意义又不大。人们常常把个人职业生涯规划的重点放在2~5年的中期规划,这样既便于根据实际情况设定可行目标,又便于随时根据实用的反馈进行修正或调整。

3. 职业生涯规划的要素

职业生涯规划具有明显的个性化特征,不同的人在做职业生涯规划时,所考虑的相关因素也有所不同,但有些因素是必须考虑的,那就是知己、知彼和抉择三大要素。

(1)知己。知己就是探索自己的内心世界,了解自己的特性,对自身条件有充分认识和全面了解,包括自己的兴趣、能力、价值观、个性、性向,以及父母的管教态度、学校与社会教育对自己产生的影响等。

(2)知彼。知彼就是探索外在的职业世界,了解工作舞台的特性,对欲从事职业的环境、相关的组织等信息进行有效的掌握,包括职业的特性、所需的能力、就业渠道、工作内容、工作发展前景、职业的薪资待遇等。

（3）抉择。抉择就是在知己知彼的基础上，确定符合自身实际，能充分发挥自身专长，自己有浓厚兴趣并且与环境相适应的职业目标，包括抉择技巧、抉择风格以及抉择可能面临的冲突、阻力和助力等。

一般来说，知己和知彼相互关联，确定的个人生涯目标要符合实际，而不是一厢情愿。对从事的职业要感兴趣，而不是被动地去干；对从事的工作要能发挥专长，充分利用个人的强项；对工作的环境要能够适应，而不是感到处处困难，难以生存。这就说明科学的职业生涯规划，不但要做到知己、知彼，而且还要作出正确的抉择。因此，择己所长、择己所爱、择社所需和效益最大化，就是正确抉择的黄金准则。

第二节　制订职业生涯规划的基本原则

职业生涯规划要切实可行，具有现实性、可能性和可操作性。大学生要加强对自我的认知，充分考虑自身的条件和外在环境的约束，选择适合自己并且能够实现的职业目标，制订切合实际的职业发展计划。高校可以通过开展形式多样的活动加以启发和引导，组织大学生探讨如何确立大学目标，引导大学生为自己的职业生涯作好相应的准备。

一、职业关联原则

（一）与社会需求相结合

职业选择作为一项社会活动，必然受到一定的社会制约，任何人进行职业选择的自由都是相对的和有条件的，如果职业选择脱离了社会的需求，将很难被社会所接纳。大学生在规划自己的职业生涯时，应把社会需求作为出发点和归宿，以社会对个人的要求为准绳，将个人愿望与社会需要有机地结合起来。既要看到眼前的利益，又要考虑长远的发展；既要考虑个人的因素，也要服从社会的需求。只有把个人志向与国家利益、社会需求结合起来，规划才具有现实可行性和可操作性，才能真正实现自己的职业理想。

（二）与所学专业相结合

大学生都有自己的专业，每个专业都有其特定的培养目标和就业方向，这就是大学生职业生涯规划的基本依据。用人单位对毕业生的要求，往往是具备某专业方面的特长。大学生迈入社会后所做的贡献，主要靠运用所学的专业知识来实现。如果大学生的职业生涯规划离开了所学的专业，不仅在无形中增加了许多课外学习的负担，而且个人价值的实现也会变得更困难。因此，大学生不仅要拓宽专业知识面，对专业知识和技术的掌握有一定的深度和广度,还要通晓和熟悉相关的基础知识,把自己培养成复合型人才。

(三)与个人特征相结合

大学生在进行职业生涯规划时要考虑自己的兴趣与爱好。如果一个人对某种工作产生兴趣,在工作中就会有高度的自觉性和积极性,从而取得更好的成绩。有的大学生兴趣面太窄,没能形成自己的优势;有的大学生兴趣太广泛,没有形成自己的特色。这就要求大学生在进行职业生涯规划时,对自己的兴趣爱好有一个客观的分析,并适当进行培养和调整。在对自己的能力、特长有正确的自我认知和评价的基础上,充分发挥自己的优势,择己所长,才尽其用,科学地进行职业生涯规划。

(四)与身心健康相结合

心理健康在大学生今后的职业生涯中意义重大,它能帮助大学生在适应职业市场环境时保持一种良好的心理状态,并充分开发心理潜能。大学生要实现理想的目标,个人的智商、情商和逆商都非常重要。其中,智商是成功的基础,情商是成功最重要的指标,逆商决定个人能否将危机化为转机。大学生在职业选择的过程中,要正视生命中存在的困难与挫折,培养和锻炼自己对挫折的承受能力,不断提升自己的心理素质,在今后的职业生涯中保持积极乐观的心态和生活态度。此外,良好的体格是成功的前提,大学生在步入职场后一定要注意锻炼身体,保持健康。

此外,在职业生涯规划中,除了恪守职业关联原则,还应做到目标管理和自我控制及目标导向原则。

1.目标管理和自我控制

目标管理和自我控制,曾被公认为是管理学家彼得·德鲁克博士对管理实践的最主要贡献。美国总统布什将2002年的"总统自由勋章"授予彼得·德鲁克时,曾提到他的三大贡献之一就是目标管理。彼得·德鲁克博士的目标管理之精髓在于制订目标体系过程中要遵循SMART的五原则。

(1)S就是明确性(specific),即具体化。所谓明确,就是要用具体的语言清楚地说明要达成的行为标准。目标必须是具体的,不可以是抽象模糊的。职业规划必须明确、清晰、具体,才具有可行性。当谈论具体目标时,不要只是单一地说"我要找份好工作""我要成功地晋升"之类的话,这只是愿景,不是具体的规划,所以没有办法去具体执行。而"我的目标是成为××公司的超级销售员""我要在今年把工资提升到5 000元"——这才能称为目标。当我们开始职业规划时,应该注重细节的具体化,只有细节问题处理好了,才不会只有大方向而没有脚踏实地的前进步伐。

(2)M就是衡量性(measurable),即可量化。衡量性是指目标应该是明确的,而不是模糊的。应该有一组明确的数据作为衡量是否达成目标的依据。量化要求理性的数据和数字,拒绝"大概""差不多""快了"之类的模糊修辞语。面对职业规划,我们不需要任何自我欺骗和任何借口,因为数据、数字、事实会说明一切。如果制订的目标没有办法衡量,就无法判断这个目标是否会实现。比如领导有一天问:"这个目标离实现大概有多远?"团队成员的回答是:"我们早实现了。"这就是领导和下属对团队目标所产生的一种分歧,原因在于没有给他一个定量的可以衡量的分析数据。但并不是所有的目标都可以衡量,有时也会有例外,比如大方向性质的目标就难以衡量。

(3)A 就是可实现性(attainable),即可达成。可达成很容易理解,就是目标必须是可以达到、实现的。职业规划设定的目标要高、有挑战性,但是一定要是可达成的。关于"attainable",有的书翻译为"可行",有的书解释为"可接受"(acceptable)。其实无论翻译为什么,都是在强调职业规划中所设定的目标一定是通过努力能够实现的。我们鼓励大家设定一个较高的职业目标,但不是鼓励大家设定一个虚无的、无法实现的职业目标。有的朋友也许会说"只要我想得到,就一定做得到",其实这句话的前提就是你的目标是可达成的。

(4)R 就是相关性(relevant)。相关性是指实现此目标与其他目标的关联情况。如果实现了这个目标,但与其他的目标完全不相关,或者相关度很低,那这个目标即使达到了,意义也不是很大。因为工作目标的设定,是要和岗位职责相关联的。比如让前台学点英语以便接电话时派上用场,这时候提升英语水平和前台接电话的服务质量有关联,即学英语这一目标与提高前台工作水准这一目标直接相关。若你让她去学习六西格玛(即品质管理)就跑题了,因为前台学习六西格玛这一目标与提高前台工作水准这一目标相关度很低。

(5)T 就是时限性(time-bound)。时限性就是指目标是有时间限制的。例如,我将在2017 年 5 月 31 日之前完成某事。5 月 31 日就是一个确定的时间限制。没有时间限制的目标没有办法考核,或将会带来考核的不公正。例如,上下级之间对目标轻重缓急的认识程度不同,上司着急,但下面不知道,到头来,上司可能暴跳如雷,而下属则觉得很委屈。这种没有明确的时间限定的方式也不利于工作关系,打击下属的工作热情。

其实施要求为:目标设置要有时间限制,根据工作任务的权重、事情的轻重缓急,拟订出完成目标项目的时间要求,定期检查项目的进度,及时掌握项目进展的变化情况,以方便对下属进行及时的工作指导,以及根据工作计划的异常情况变化及时调整工作计划。

2.目标导向原则

什么是目标?在一定的时间内达到具有一定规模的期望值就称为目标。人们也经常给目标下另一个定义,即梦想的日期化和数字化。对人生而言,需求产生目的,目的具体化就是目标,目标是前进的动力,是行动的灯塔。

二、可操作性原则

要使自己的职业生涯规划具有现实的可能就必须做到以下两点:

(1)符合自己的实际情况(目标符合自己的价值追求、性格、兴趣和特长等)。

(2)满足社会需求(职业需求、行业需求、组织需求和家庭需求等)。没有根据自身的特点制订的职业生涯规划,将会使自己陷入痛苦之中,永远发挥不出个人的无限潜能。无视社会需求,将会使自己的职业生涯规划变成空洞的自我设计,如同在做不着边际的梦。

对以下问题的回答有助于我们对自己职业生涯规划的可行性作出检查:

(1)规划是根据我的个性和特长制订的吗?

(2)环境(社会、行业、家庭)支持我的规划吗?

三、时间梯度原则

由于职业生涯发展具有阶段性特点,职业生涯规划的目标和行动就必须划分到不同的时间段内去完成。而且,每个规划目标都要有两个时间坐标:一个时间坐标是开始的时间,即什么时候开始为实现这个目标行动;另一个时间坐标是预期实现的时间,如果没有明确的时间限定,很容易使职业生涯规划陷于无限期的空谈中。

除上述原则外,在制订职业生涯规划时,还要遵循可调整性、一致性和激励与挑战性原则。具体是指:目标或措施是否有弹性或缓冲性?是否能依照环境的变化而作调整?主要目标与分目标是否一致?目标与措施是否一致?个人目标与班级目标、群体目标是否一致?规划能否对自己产生内在的激励作用?目标是否正面?目标实现时是否有成功感与喜悦感?目标或措施是否具有挑战性,还是仅保持其原来的状况而已?

每个人在实现职业生涯目标的过程中,都会经历不同的发展阶段,有着不同的职业需求和人生追求。按照年龄,我们将职业生涯规划作了以下阶段区分。

1.职业准备阶段

职业准备阶段从 14~15 岁开始,延续到 18~22 岁。这是一个人就业前学习专业知识、职业知识和技能的时期,也是个人素质形成的主要时期。

2.职业选择阶段

职业选择阶段集中在 17~30 岁。这是一个人从学校走上工作岗位,在职业准备的基础上选择职业的时期,也是由潜在的劳动者变为现实的劳动者的关键时期。

3.职业适应阶段

职业适应阶段是指就业后的 1~2 年。这一时期将对一个人走上工作岗位后的职业能力进行实际检验。要完成从一个择业者到一个职业工作者的角色转变,就要尽快适应新的角色,适应新的工作环境。

4.职业稳定阶段

职业稳定阶段从 20~30 岁开始,延续到 45~50 岁。这一时期是人的职业生涯的主体,也是成就事业和获得社会地位的关键时期。这一阶段可能存在诸如发展稳定、取得阶段成功或遭遇发展瓶颈、面临中年危机等不同情况。

5.职业衰退阶段

职业衰退阶段从 45~50 岁开始,延续到 55~60 岁。这一时期由于生理条件的变化,人的能力缓慢减退,心理需求逐步降低,只求稳妥地维持现状。

6. 职业结束阶段

职业结束阶段一般是在 60 岁前后。这一时期人们由于衰老或其他身体状况等原因,逐渐丧失职业能力和职业兴趣,从而结束职业生涯。

第三节　制订职业生涯规划的常用技术

一、SWOT 法

在进行职业生涯规划和分析时,经常会提到了解自己和环境的简单方法莫过于著名的 SWOT 分析。SWOT 分析经常用于企业战略和市场策略等方面,并且发展出很多复杂的模型。

通过 SWOT 分析,可以了解自己的能力、职业偏好和职业机会。如果认真细致地对自己进行 SWOT 分析,会明确地知道自己的优点和弱点以及职业生涯中的机会和威胁所在,从而可以针对威胁因素采取相应措施,最终实现自己的职业生涯目标。

1. S(优势分析)

通过分析找出自己出色的地方,特别是相比于竞争对手有优势的方面。主要做 3 个方面的分析:一是曾经做过什么,分析已有的人生经历和体验,如在学校期间担任过的职务,曾经参与或组织的实践活动,获得过的各项奖励等;二是学到了什么,如在校期间从学习的专业课程中获得了什么,接受过什么培训,自学过什么,有什么独到的想法和专长;三是最成功的是什么,即所做过的事情中最成功的是什么,为何成功,是偶然还是必然? 通过分析发现自我优越的一面,以此深层次挖掘个人的动力之源和魅力闪光点。

2. W(劣势分析)

该分析主要分析自己与竞争对手相比相对落后的方面。一方面,分析自己的性格弱点,如不善交际、感情用事等。一个独立性强的人很难与他人默契合作,而一个优柔寡断的人很难担当企业管理者的重任。人性的弱点并不可怕,关键是对弱点要有正确的认识,认真对待,尽量寻找弥补、克服的办法,使自我趋于完善。另一方面,找出自己人生经历中所欠缺的方面。如曾有过多次失败,就是找不到成功的途径;想要从事某项工作,之前却从未接触过,这都说明自己经历的欠缺。欠缺并不可怕,可怕的是一味地不懂装懂。

3. O(机会分析)

该分析主要分析有利于自己职业发展的机会。首先要对社会大环境进行认识与分析,如当前社会的政治、经济、科技、文化发展趋势是否有利于所选职业的发展,具体在哪些方面有利;其次要对所选职业的外部环境进行分析,如企业在本行业中的地位与发展趋势如何、面对的市场怎样、有无职位空缺、需要具备哪些条件;最后还要对周围的人际关系进行分析,如哪些人可能对自己的职业发展有帮助,这种帮助会持续多久,如何与他们保持联系。

4. T(威胁分析)

该分析主要对自己人生发展可能存在的潜在危险进行分析。例如,国家高等教育改革,特别是高校的扩招,对高等院校毕业生就业的影响是什么,社会上用人单位人才消费观念发生变化对自己就业的影响是什么。

这样一步步地分析追问,一幅清晰的职业生涯前景图就会呈现在面前。需要注意的是,运用SWOT法进行职业生涯决策时,要尽可能考虑全面,权衡各种发展机会,然后从中选出最优的职业生涯发展机会,作出职业生涯决策。

在完成SWOT分析后,便可以制订相应的行动计划。制订计划的基本思路是:发挥优势,克服劣势,利用机会,化解威胁。运用系统分析的方法,将各种因素相互匹配并加以组合,得出可选择的对策,这些对策包括:

(1)W-T对策:考虑劣势和威胁因素,使这些因素都趋于最小。如成绩不好,就必须更努力学习;某种职业需要丰富的实践经验,就要多参加实习和社会活动。

(2)W-O对策:考虑劣势和机会因素,使劣势趋于最小,机会趋于最大。如专业水平不够高,但某种职业需要复合型人才,那么可以加强培养自己的综合素质。

(3)S-T对策:考虑优势和威胁因素,努力使优势趋于最大,威胁趋于最小。如拥有丰富的专业知识和技能,但在同专业学生中不算太突出,就要发现自己的优势,增强竞争力。

(4)S-O对策:考虑优势和机会因素,努力使这些因素都趋于最大。如对某职业兴趣比较浓厚,在这个职业领域又有较广泛的人际关系网络,则应抓住机会展示自己的才能。

SWOT分析模型,如表5-2所示。

表5-2　职业生涯决策中的SWOT分析模型

SWOT分析		
内部个人因素	优势:你可以控制且可以利用的内在积极因素 ● 我最优秀的品质有哪些? ● 我学习了什么? ● 我曾经做过什么? ● 最成功的经历是什么?	劣势:你可以控制并努力改善的内在消极因素 ● 我的性格弱点是什么? ● 我有哪些失败的经历? ● 我欠缺的经验有哪些?
外部环境因素	机会:你不可控制,但可利用的外部积极因素 ● 社会大环境有利于所选职业的发展吗? ● 你所向往的企业在本行业中的地位与发展趋势如何? ● 哪些人可能对自己的职业发展有帮助?	威胁:你不可控制,但可以弱化的外部消极因素 ● 专业领域的发展有限吗? ● 就业形势是否严峻? ● 同专业的大学生竞争者实力如何? ● 具有丰富技能、经验的竞争者是否更有优势?

续表

SWOT 分析	
总体鉴定(评估你所制订的生涯发展目标)	
职业行动计划	

【拓展训练】

1. 分析自己的优点和不足。取一张 A4 纸,在正面列出自己的优点和长处,包括性格、技能、学习经历等,越多越好,并对其重要性进行排序。在纸的反面,列出自己的缺点和不足,同样越多越好,也对其进行排序。排出你最强的五项优点和最大的五项不足,这样你就可以对自己的优点和缺点有明确的了解。当然,你也可以让你的父母、朋友等熟悉你的人帮你分析,这样会更全面和客观。对你的缺点和不足,你可以考虑是改进它们使之不再成为短板,还是放弃这些你不擅长的技能所匹配的职业。要知道,如果你跑得只比乌龟快,那你还是放弃做"刘翔第二"的梦想吧;如果你想成为律师,那么首先要通过司法考试。

2. 进行行业分析和职业研究。根据自己的优点和缺点,选择一两个你感兴趣的行业和职业进行研究,研究自己所面临的机会和威胁。行业的选择对个人非常重要,所以首先应选择有发展前景的行业而不是那些夕阳产业。另外,虽然学的专业对找工作有很大的影响,但是专业不对口的情况也很常见,应选择自己喜欢并且有前途的职业。做行业分析和职业分析是比较辛苦的,需要花大量的时间来搜集、整理资料进行分析,不过功课做得越多越深,对自己今后的发展也越有利。

3. 为自己制订五年规划。列出你最希望实现的目标,如职位、薪水、技能。通过这些目标来激励自己今后努力工作以实现自己的目标。无论你希望达到什么目标,都应该通过五年的工作积累让自己在所在行业成为"专家"级别的人物。

4. 制订行动计划。宏伟的计划和目标必须靠一步一步地积累才能实现,要把长期目标分解为短期目标,只有一步一步地积累,你才能实现自己的五年规划。

二、"五 W"归零思考法

"机遇只青睐于有准备的人。"职业生涯发展机会和机遇是自己创造的。

【生涯案例】

小李,女,某师范大学人力资源管理专业学生(非师范类)。她在临近毕业时常常对自己的职业动向难以选择。就现在来说,人力资源管理专业属于热门专业,找一份工作并不难,但面临的问题是:她自己很向往教师这个职业,特别是想做一名高校学生管理工作者,可家里人却希望她能出国继续读研究生。面对这些选择,她感到很困惑。我们不妨和她一起用职业规划的"五 W"归零思考法进行一次有关职业规划方面的思考,并通过对其职业的规划选择帮她找出适合她自己的职业方向。

"五W"法即"What"五问的归零思考模式。大学生在进行职业生涯规划时首先要回答以下5个问题：

1. 我是谁？（Who am I?）

对自己进行一次深刻的反思，包括兴趣爱好、性格倾向、身体状况、专业特长、以往经历等，想想自己到底是怎样的人，把优点和缺点详细罗列出来，客观地分析和评价，对自己形成一个清晰的认识，将其一一列出来。

2. 我想做什么？（What do I want?）

对自己的职业倾向（心理）进行检验，包括职业目标、收入水平、学习目标、期望成就等。大学生在不同阶段的兴趣和目标并不完全一致，有时甚至是完全对立的。但兴趣会随着年龄的增长而逐渐稳定，职业目标会随着实践时间的延长而日渐清晰，从而最终锁定自己的理想。

3. 我能做什么？（What can I do?）

对自己的能力进行全面评估和总结。个体职业定位归结于自身已具有的能力和特长，其职业发展空间的大小也和潜能大小及潜能挖掘的程度直接相关。对一个人潜力的了解，应该从几个方面去认识，如对事的兴趣、做事的韧性、临事的判断力以及知识结构是否全面、能否及时更新等。可以把自己有能力做的，以及通过潜能开发能够做的事写下来。

4. 我的职业支撑点是什么？（What can support me?）

这种支撑在客观方面包括家庭状况、政治环境、经济环境、文化环境、行业前景、单位性质、企业文化等因素。一个人在作职业选择时，要把这些环境因素综合起来，将一切有利于自己发展的积极因素调动起来，促进自我职业生涯的有序发展。

5. 我最终的职业目标是什么？（What can I be?）

对最终的职业目标有一个清晰的定位。通过上面的分析找到对实现职业目标有利和不利的因素，列出不利因素最少的、自己想实现而且能够实现的职业目标，就能够制订一份简单的职业生涯规划了。

目前，小李有3种选择，分别如下：

1. 到学校做一名学生管理工作者。一是她自己有这方面的兴趣和理想；二是曾做过辅导员助理，工作受到老师和学生的好评，在相关工作能力与工作经验方面有优势；三是人力资源管理的专业知识能让她在从事学生管理工作时得心应手；四是她交际能力强、富有爱心，能成为学生心目中的好老师。不足之处是她是一名非师范专业毕业生，缺乏作为一名教师的基本训练及技巧，不过这并不难提高。

2. 到公司做一名行政人员或部门经理助理。这家公司实力雄厚，在当地享有盛誉，相信待遇会非常不错。可以先从事行政工作，以后有机会再转到喜欢的人力资源部门工作，但公司人才济济，工作压力很大，担心自己身体承受不了，对转岗信心不足。

3. 如果能如愿获得全额奖学金出国读研，自己还是会去读书；如果只能申请到一部分奖学金，还需要家里的资金支持，小李不是很想加重父母的经济负担。而且到现在签证还没办下来,不确定因素较多,自己较为被动。

在小李面对的这3种选择中,每种选择都有其合理的一面,但对她个人而言,到学校做管理工作可能更符合她本人的职业取向。因为,如果选择喜欢的职业,那么对职业的浓厚兴趣能使她获得职业的最大满足感,相信凭着她的努力,小李在以后的工作中会有不错的表现;从职业前途看,教师这个职业正日益得到社会的尊重,社会地位不断上升;从性格上看,她性格开朗、富有爱心等,这些也很符合她的职业性向。现在,只要她能弥补与师范学生在职业技巧方面的差距,那么她选择成为一名教师的这个职业理想是不难实现的。

三、生涯愿景法

在为自己制订职业发展规划时,需要弄明白自己到底想过一种什么样的生活,即要制订个人生涯愿景。生涯愿景是个人发自内心的,一生最热切渴望达成的,它是一种期望的未来或意象。由于人在一生中要扮演多个角色,因此生涯愿景是多方面的。总的来说,个人生涯愿景主要包括以下几个方面的内容。

(1)自我形象:你希望成为什么样的人? 假如你可以变成你向往的那种人,你会有哪些特征?

(2)有形财产:你希望拥有哪些物质财产? 希望拥有多大的数量?

(3)家庭生活:在你的理想中,你未来的家庭生活是什么样子的?

(4)个人健康:对自己的健康、身材、运动以及其他与身体有关的事情有什么期望?

(5)人际关系:你希望与你的同事、家人、朋友以及其他人拥有什么样的关系?

(6)工作状况:你理想中的工作环境是什么样子的? 想要取得什么样的成就?

(7)社会贡献:对社会做出什么样的贡献?

(8)个人休闲:期望拥有什么样的休闲生活?

在这个阶段,你已体会到生涯规划的重要性,并愿意花时间来规划自己的生涯,但也要了解,有时我们所播下的种子,未必能马上发芽。这就需要我们在制订生涯愿景后,为之努力,促其早日变成现实。

第四节　制订职业生涯规划的基本步骤

一、评估自我

评估自我是大学生进行职业生涯规划的重要环节,要求全面、深入、客观地分析和了解自我,也就是"知己"的过程。评估自我的主要内容与个人因素相关,包括兴趣、特长、性格、能力、价值观、学识水平、情商、潜能等,主要是对自己的优缺点进行汇总分类,加以分析。具体有以下3个方面的内容:一是个性特征。处于成长期的大学生,需要充分了解自己的个性特征,深入了解自己的兴趣爱好、价值观、情商水平等,在竞争日益激烈的今天,努力做到人职匹配,人尽其才。二是知识技能。大学生要对自己所学的专业知识、专业技能作出全面评估,了解自己所学专业,觉察自己兴趣所在,发现自己在专业知识技能方面的长处与不足,明确努力目标,找到学习重点,增强自信心。三是社会实践。除了掌握特定的专业技能外,大学生还要多了解自己参加各类社会实践活动的情况,发现自身已经具备的各类可迁移的能力,挖掘自身的发展潜能,制订相应的学习、训练计划,化潜能为才能。

大学生评估自我包括标准化评估和非标准化评估两部分。

标准化评估是指大学生通过职业心理测验对自己的职业兴趣、职业能力、职业性格、职业价值观等加以测评,为自己提供相对客观的评估,同时也为他人了解自己提供一份相对科学的书面报告。

非标准化评估是指大学生通过自我评价和他人对自己的评价,以及以往生活经历的分析等,了解自己的兴趣与爱好、性格特点、具有的潜质、心理健康状况、价值观与追求等自身具备的特征,初步确定职业目标群。

为了证明自己的判断是准确、客观、没有偏见的,可以适当增加他人评价的内容,如同学、朋友、老师的评价。或者,也可通过以往的学习、工作经历,尤其是取得的引以为荣的成绩,以及自己认识到的对自己影响特别重大的事件,对自己目前的状况进行客观的分析。

【生涯案例】

认识自己

日本保险业泰斗原一平,在27岁时进入一家保险公司开始自己的推销生涯。当时他穷得连午饭都吃不起,甚至要露宿公园。

有一天,他向一位老和尚推销保险。等他详细地说完之后,老和尚平静地说:"听完你的介绍之后,丝毫不能引起我投保的兴趣。"老和尚注视原一平良久,接着又说:"人与人之间,像这样相对而坐的时候,一定要具备一种强烈吸引对方的魅力,如果你做不到这一点,就没什么前途可言了。"原一平哑口无言,冷汗直流。

老和尚又说:"年轻人,先努力改造自己吧!"

"改造自己?"

"是的!要改造自己,首先必须认识自己,你知不知道自己是一个什么样的人?"

老和尚又说:"你在替别人考虑保险之前,必须先考虑自己、认识自己。"

"考虑自己?认识自己?"

"是的!赤裸裸地注视自己,毫无保留地彻底反省,然后才能认识自己。"

从此,原一平开始努力地认识自己、改善自己,并根据自己的特点设计了一套推销策略。经过艰苦的努力,他终于成为一代推销大师。

二、评估环境

相对于自我个性探索(即评估自我)的"知己"过程,职业环境分析就是"知彼"的过程。职业环境分析主要评估各种职业环境因素对自身职业生涯发展的影响,目的是分析环境中的有利因素和不利因素,以便作出相应的调整,它包括职业生涯发展期的外部社会环境分析及对自己将要从事的行业和职业所进行的内部环境分析两部分。

外部环境分析包括对政治环境、经济环境、文化环境的分析及对当前就业政策、就业形势的认识等。通过分析社会大环境,开阔视野,了解我国的政治、经济发展趋势以及所选定的职业在社会环境中的地位、社会发展趋势对此职业的影响。内部环境分析涉及行业现状及发展趋势,单位环境中的单位性质、发展前景、组织领导、组织制度、组织文化、工作氛围,单位所在城市的地理位置、发展前景、文化特点、气候特征、风土人情,以及职业的工作内容、工作地点、工作要求、发展路线等信息。个人所处环境分析首先从家庭环境出发,了解家庭情况、经济状况、家人期望及家庭对自己的影响和帮助,然后从学校环境出发,清楚学校发展、校园文化、专业前景、就业趋势、实习实践等,通过分析进一步缩小职业目标的范围。

职业环境分析主要有 3 种方法:一是浏览法,即通过各种媒体、报纸、杂志、网络等媒介收集环境信息以实现对各类环境的了解;二是观察法,即通过对周围环境、特定人群状况进行观察从而了解相应的环境;三是访谈法,即通过对相关指定人物进行访谈,详细了解环境状况。

外部环境因素对个人职业生涯发展有很大的影响,大学生作为社会生活中的一分子,只有顺应外部环境的需要,才能最大限度地发挥个人优势,实现自己的职业生涯目标。职业环境分析与探索就是要认清所选职业在社会大环境中的发展状况、技术含量、社会地位和未来发展趋势,弄清职业环境对职业发展的要求、影响及作用,并对各种影响因素进行衡量、评估并作出反应,这是职业生涯规划的重要内容。

大学生在制订职业生涯规划时,必须分析职业环境的特点、环境的发展变化情况、自身与环境的关系、自身在环境中的地位、环境对自身提出的要求及环境对自身的有利条件与不利条件等。只有充分了解这些环境因素,才能在复杂的环境中趋利避害,使自己的职业生涯规划具有实际意义。

三、确定职业发展目标

目标对人生有巨大的导向作用。没有目标的人如同航行在茫茫大海中的孤舟,没有方向,不知所终。明确而适合的职业生涯目标,是漫漫职业生涯征程中的灯塔,指引人们走向成功。

职业目标的确定是指可预想到的,有一定实现可能的目标。制订职业生涯规划,就是为了实现职业生涯目标,进而获得理想的生活,所以职业目标的确定是职业生涯规划的核心。一个人事业的成败,很大程度上取决于有无正确的职业目标。事实上,职业生涯规划就是为了实现一定的职业目标而进行的方案制订和具体实施过程。通常,职业目标分为短期目标、中期目标、长期目标和人生目标。短期目标又分为日目标、周目标、月目标和年目标。职业目标要依据社会环境等客观实际情况进行一些必要的调整,使其更接近实际状况。长远目标需要经过长期艰苦努力和不懈奋斗才有可能实现。确立长远目标时要立足现实、慎重选择、全面考虑,使之既有现实性又有前瞻性。短期目标则更具体,对人的影响也更直接,是长远目标的组成部分。

成功就业的最低目标是找到一个能接受自己的单位,理想的目标是工作单位适合自己的长远发展,自身条件也适合工作单位的需求。如果在用人单位不能最大限度地发挥自身的作用,即使单位条件再好,也不能算是成功的就业。要确保成功就业,首先要根据自身的条件确定适当的职业目标,并将其置于优先考虑的范围,还要考虑应聘首选目标成功的概率并预先准备相应对策,一旦首选目标单位应聘失败,必须及时作出相应的调整,重新应聘适合自己并最有可能成功的目标单位,直到成功就业。

【生涯案例】

石头的选择

从前,在同一座山上有两块相同的石头,4年后它们却发生了截然不同的变化。一块石头受到很多人的敬仰和膜拜,而另一块石头却遭到人们的唾弃。

被人唾弃的石头极不平衡地说:"老兄呀,4年前我们同为一座山上的石头,今天却产生这么大的差距,我心里实在是太痛苦了!"另一块石头答道:"兄弟,你还记得吗?4年前,来了一位雕刻家,你害怕割在身上的痛,就告诉他只要把你简单雕刻一下就可以了,而我那时想象着未来的模样,不在乎一刀刀割在身上的痛,所以才有了今天的不同。"

不同的付出有不同的结果,惧怕痛苦的石头最终被人抛弃,而承载了苦难的石头却受人景仰。大学生的职业发展,其实就是从选择做一块怎样的石头开始的。选择三四年之后前途灿烂,就必须在大学期间对自己精雕细刻;如果在校期间碌碌无为,三四年之后等待你的必定是前途黯淡,甚至任人宰割。没有一个大学生会拒绝灿烂前途,大学毕业后的差别,在于你曾作出怎样的选择,付出怎样的努力。

四、分解目标

大学生要以个人的专业、性格、气质和价值观、社会的发展趋势以及自己的最佳才能、最优性格、最大兴趣、最有利的环境等为依据,确定职业目标和人生目标,然后再把人生目标和职业目标进行分化,根据个人的经历和所处的组织环境制订相应的中期目标和短期目标,做到长期、中期、短期目标有机结合,明确自己要在哪个领域成才,要朝哪个方向努力。职业目标问题不解决,不仅会影响职业生涯规划,也会丧失个人成功的机会。设定职业目标时,首先要结合自身实际情况和社会需求,在综合考虑、全面统筹、多方比较的基础上确立合适的核心目标;其次就是为实现核心目标而对其进行细化和完善,建立层次清晰、便于操作的分阶段目标体系。

【生涯案例】

　　法国自然学家费伯勒用一些毛毛虫做了一次不同寻常的实验。这些毛毛虫喜欢盲目地追随前边的那条毛毛虫。费伯勒在一个花盆外的框架上很仔细地将它们排成一圈,这样,领头的毛毛虫实际上就碰到了最后一条毛毛虫,完全形成了一个圆圈。在花盆中间,他放上松蜡,这是毛毛虫爱吃的食物。这些毛毛虫开始围绕着花盆转圈。它们转了一圈又一圈,一小时又一小时,一天又一天,一晚又一晚,整整七天七夜。最后,它们全都因饥饿劳累而死。一大堆食物就在离它们不到 15 厘米远的地方,它们却一个个地饿死了。原因无它,只是因为它们按照习惯的方式盲目地行动。

　　在现实生活中,许多人也会犯同样的错误,尽管财富就近在眼前,他们却得之甚少,因为他们盲目地、毫不怀疑地追随着别人。另一些人则经常迷失方向,一会儿向东,一会儿向西,似乎永远没有定向,不知所求。如果不知道自己追求的是什么,那就永远不会有击中目标的一天。

　　确立目标是大学生制订职业生涯规划的关键,有效的职业生涯规划需要切实可行的目标,从而排除不必要的犹豫和干扰,致力于目标的实现。每个人都需要一个能让自己为之奋斗一生的目标,以便把力量整合到一个方向,消除一切疑虑与不安全感,满足自身追寻生活意义的需要。大学生职业生涯规划的目的绝不仅仅是帮助个人按照自己的资历条件找到一份合适的工作,更重要的是真正地了解自己,为自己定下事业大计,拟订一生的职业生涯发展方向。每一个高校大学生都应当审时度势,为自己筹划未来。有了事业上的目标,生活才有方向;有了事业上的追求,生活才有动力。对自己的职业生涯进行规划就是将自己的理想化为现实的人生,把对未来事业发展的预期转变为明确的行动步骤的过程。

五、制订大学生成长计划

　　大学生要实现自己的职业生涯发展目标,就要制订一个详细而又切实可行的行动计划和实施策略。撰写具体执行计划的内容时,要按照量体裁衣、可操作性、阶段性、发展性的基本原则,把不同规划阶段的目标体系转化为实际执行计划。要从短期目标开始,针对明确的发展目标、明显的差距、有效的措施,制订执行计划表并付诸行动,逐步实现中期、长期规划目标,直至实现人生目标。在此过程中,特别提醒大学生,在采取有效措施弥补差距时,要尽量将定性的计划表转化为定量的计划表,方便以后评估与调整。

　　在制订职业生涯发展行动计划时,既要以职业生涯发展目标为准绳,又要结合职业生涯发展目标与自身现状之间的差距,有的放矢,有针对性地采取行动,使每一步行动都能让自己离目标更近一点。每个人都有诸如职业目标与家庭目标、服务目标与生活目标等不同角色的发展目标,在制订职业生涯发展行动计划时,必须把不同角色的目标协调起来均衡发展。职业生涯发展的行动策略与行动计划不仅要清晰、明了、准确,还要有利于执行,具有很强的实际意义和可操作性。

六、实施、评估与修正

大学生正处于人生观、价值观的形成阶段,而社会的经济、政治、文化等都在不断发生变化,种种不确定因素可能会使得原本制订好的规划设计和实际情况产生偏差,这就需要大学生对职业规划作出及时而准确的调整。职业生涯规划的评估与反馈是大学生不断认识自我的过程,也是不断认识社会的过程,是使职业生涯更加有效的必要手段。

1. 实施过程

这个阶段也是对生涯规划的再评估,即在职业生涯规划实施的过程中,对规划进行评估与修订,从而使规划更加符合自身情况和社会需求,使其变得更加行之有效。这个阶段的重点是解决两个问题:一是为职业生涯变化做准备,二是学习管理职业生涯。

2. 评估过程

虽然大学生在制订职业规划的过程中,考虑了很多内在和外在、主观和客观的因素,但是随着时间的推移,这些因素都会发生变化,因此,为了确保职业规划的可行性和有效性,必须随时对规划的内容和成效加以评估。此外,在职业生涯规划实施的过程中,也会发现当初做规划时未曾想到的问题与执行时的困难,为保证职业生涯规划的实际效果,每实施一段时间后,有必要对计划执行的方法作系统的评估。

3. 修正过程

实施职业生涯规划时,必须为日后可能的计划修改预留余地,修订的依据是每次评估后的反馈信息。至于计划反馈及修订的时机,必须考虑下列因素:

(1)便于定期检测预定目标的达成进度。

(2)每一阶段目标达成时,要依据实际效果修订实现未来阶段目标可采用的策略。

(3)客观环境改变对计划执行的影响。

(4)有效的职业生涯规划还要不断地反省、修正目标,反省策略方案是否恰当,以适应环境的改变,并将其作为下一轮规划参考的依据。

在评估和修正阶段,要做到谨慎判断,果断行动。谨慎判断就是无论环境条件变化多大,都要先厘清情况,再进行综合分析,最后作出判断;果断行动就是在形成判断后立即采取行动,重新修订职业生涯规划方案,保证职业生涯健康有序发展,最终实现人生职业理想。

第五节　撰写职业生涯规划书

一、职业生涯规划书的基本内容

职业生涯规划是对个人职业发展道路进行选择和设计的过程,规划的内容和结果应该在规划过程中及规划后形成文字性的方案,以便理顺规划的思路,提供操作指引,随时评估与修正。一份完整有效的职业生涯规划文案应包括以下 8 项内容。

1. 标题

标题包括姓名、规划年限、年龄跨度、起止时间。规划年限不分长短,可以是半年、3 年、5 年,甚至是 20 年,视个人的具体情况而定。建议大学生规划年限足为 3~5 年。

2. 目标确定

目标确定即确立职业方向、阶段目标和总体目标。职业方向即从业方向,是对职业的选择;阶段目标是职业规划中每个时间段的目标;总体目标即当前可预见到的最长远目标,也是在特定规划中的终极目标。在确定总体目标时,如果能适当地看得远些,定得高点,那么就有助于最大限度地激发规划者的潜能。

3. 个人分析结果

个人分析结果包括对自己目前状况的分析和对自己将来的基本展望,同时也包括对自己职业生涯有一定影响的角色建议。

4. 社会环境分析结果

社会环境分析结果是指对政治、经济、文化、法律和职业环境等社会外部环境的分析。

5. 组织(企业)分析结果

组织(企业)分析结果主要是对职业、行业与用人单位的分析,包括对用人单位制度、背景、文化、产品或服务、发展领域等的分析。

6. 目标分解与目标组合

分析制订、实现目标的主要影响因素,通过目标分解和目标组合的方法作出果断明确的目标选择。

7. 实施方案

首先找出自身观念、知识、能力、心理素质等方面与实现目标要求之间的差距,然后制订具体方案逐步缩小差距,以实现各阶段目标。

8.评估标准

设定衡量此规划成功的标准,如果在实施过程中无法达到制订的目标或要求,应当如何修正和调整。需要注意的是,文案内容的顺序与规划的步骤不是完全一致的。职业生涯规划的第一步就是要进行自我评估,其次是进行外部环境分析,然后才是职业目标的确立;而文案内容的顺序是先写出职业方向和总体目标,然后再写出自我分析和外部环境分析的结果。其实这并不矛盾,因为文案的形成是建立在按正常步骤进行规划的基础之上的,将职业方向与目标提前,是为了阅读上的方便,突出核心主题——规划的目标,并有利于与实施方案进行对照、检查和修订。

二、职业生涯规划书的基本要求

1.资料翔实,步骤齐全

收集资料有多种途径,可以通过访谈、从报刊图书中摘抄、上网下载等方式获取资料。要尽可能地注明资料的出处,并多运用图表数据来说明问题,以提高资料来源的可信度和说服力。其步骤主要分为4步:

(1)分析需求、条件及目标设定。

(2)分析阻碍和可行性研究。

(3)设计方案和提升(改变)计划。

(4)制订详细的实施计划和措施。

2.论证有据,分析到位

了解有关的测评理论及知识,认真审视并思考自己的测评报告并对照自我认识与测评结果的异同,分析与测评结果形成差距的原因,从而确定自我评估结果,达到"知己";要厘清自己所处的环境(包括居住的地方、喜欢的地方、亲朋的意见等),明确自己最大的兴趣是什么,最喜欢与之共事的人的类型、最重视的价值与目标、最喜欢的工作条件是什么,再通过目前环境评估和当前社会环境分析来确定自己的职业方向,做到有理有据、层层深入。

3.言简意赅,结构紧凑,重点突出,逻辑严密

语言朴实简洁,用词精练准确,行文流畅,条理清楚,这是写作最基本的要求。撰写时还应密切注意整篇文章的结构和重心所在。职业生涯规划书一般包含对职业规划的认识、对自我的剖析、对所学专业的认识、对职业方向的探索、确定目标并制订计划这5个方面的内容。在对这些内容进行分析阐述时,必须紧紧围绕职业目标这条主线来展开,从而体现文章论述的逻辑性和连贯性。要将重点放在自我评估、环境评估、目标实施上。职业生涯规划是对自己将来的规划,这个规划只有建立在对自我和职业的充分认识基础上才能体现出它的科学性和可行性。

4.目标明确,合理适中

撰写职业生涯规划书应围绕论述的中心展开,职业生涯目标不能过于理想化,应"择己所爱""择己所长""择世所需""择己所利"。职业生涯规划书撰写是否成功,在很大程度上

取决于有无正确适当、切实可行的目标。

5.分解合理,组合科学,措施具体

目标分解、实现路径选择要有理论依据,而且备用路径之间要有内在联系性。目标组合要注意时间上的并进、连续,功能上的因果、互补作用,全方位的组合要涵盖职业生涯、家庭生活、个人事务等方面。

三、大学生职业生涯规划书的写作方法

1.职业生涯规划书的基本格式

(1)表格式。职业生涯规划书的表格式,如表5-3所示。

表5-3　职业生涯规划书的表格式

姓　名		性　别		出生年月		规划次数	
系　别		专　业		政治面貌		担任职务	
自我评估结果							
环境评估结果							
选择职业志向							
选择职业生涯路线							
职业生涯目标	短　期		任职条件		完成时间		
	中　期		任职条件		完成时间		
	长　期		任职条件		完成时间		
行动计划与措施(含素质拓展计划)	完成短期目标的计划与措施			完成时间			
				考核结果			
	完成中期目标的计划与措施			完成时间			
				考核结果			
	完成长期目标的计划与措施			完成时间			
				考核结果			
方案系统评估结论							
专家建议							

(2)条列式。条列式规划书虽然具有职业生涯规划的主要内容,但更多的只是简单的表述,没有详细的材料分析和评估。文章虽然精练,但逻辑性和说服性不强。条列式规划书案

例如下:

【生涯案例】

大学生职业生涯规划书

姓名:小刘。

规划期限:四年。

起止时间:2011年9月至2015年9月。

年龄跨度:18~22岁。

阶段目标:顺利毕业,成为一个有一定经验的市场营销人员。

总体目标:成为一家大公司的总裁。

个人分析:自己属于外向的人,善于沟通,曾经有过做推销产品的兼职经历,并取得相当不错的成绩。同时,自己所学的专业也是市场营销专业,这也正是自己的兴趣所在。

社会环境分析:中国现在是一个政治稳定,经济、文化高速发展的国家,并且这种状况还将持续相当长的一段时间。这为每一个人都提供了一个良好的发展机遇。随着市场经济的发展,市场在经济生活中的作用将越来越大。

职业分析:社会对市场营销的需求将越来越大,特别是在互联网电商时代,营销具有明显的时代特点。个人选择的行业还没有最后确定,但比较感兴趣的是制药、保险和食品行业。这些行业都是社会不可缺少的行业,而且随着社会的发展,这些行业的发展空间也会相当大。

目标分解与目标组合:

(1)目标分解:阶段目标可分解为两个大的目标,一个是顺利毕业,一个是成为有一定经验的市场营销人员。

第一个目标,又可分解为把专业课学好和把选修课学好,以便修完足够的学分,顺利毕业。接下来,还可以细分,在专业课学习中,如何学好每一门课程;在选修课中,需要选修哪些课程,如何学好。

第二个目标,又可分解为接触市场阶段、了解市场阶段、熟悉市场阶段。接下来还可以细分,如在接触市场阶段,要采用什么方法,要和哪些公司保持联系等。

(2)目标组合:顺利毕业的前提是学好专业课程,而专业课程的学习则对职业目标有促进作用。

具体实施方案:要成为一个有一定经验的市场营销人员,需要缩小自己和其他优秀的市场营销人员的差距。这些差距包括以下4个方面:

(1)思想观念上的差距。刚从事销售的人一般会认为销售只是卖出商品,但有一定经验的人则认为销售是"卖出自己"。客户只有相信销售者,才可能购买其商品。为了缩小这种差距,需要向有经验的人员请教,并在实践中去体会。

(2)知识上的差距。书本知识的欠缺只是一个方面,更重要的是实践的差距。为了缩小这种差距,需要在学习书本知识的同时,多参与真正的市场营销活动,在实践中体会书本知识,做到理论与实践相结合。

(3)心理素质的差距。从事市场营销工作需要百折不挠的精神,而作为一名学生,缺少的恰是这一点。往往遇到一点挫折和失败就会退缩,这种差距需要在实践中逐步消除。

(4)能力的差距。这一点可能是最重要的,为了缩小这种差距,除了要在实践中逐步学习,还要和一些社会销售能手保持密切的联系,以便随时请教和学习。

检查和反馈:在学习和实践的过程中发现,自己需要学习的书本知识很不够,特别是外语能力方面需要提高,否则就无法适应现在的销售要求。所以,决定加强英语的学习,准备报一个英语口语班,每周一次学习,同时准备参加学校里的英语角,切实提高英语水平。

(3)复合式。复合式的规划书是表格式与条列式的综合,这也是比较常见的格式。

(4)论文式。一份优秀的论文格式的职业生涯规划书能够对一个人职业生涯规划作全面、详细的分析和阐述,是最完整的职业生涯规划书,也是我们提倡的职业生涯规划书的标准写法。

2.职业生涯规划设计书实例

下面这份《职业生涯规划设计书》是浙江某学院丁同学参加全国职业生涯规划大赛获得二等奖的作品。作品的题目是"我的未来,我做主"。

我的未来,我做主

引言:1988年,一个活泼可爱的小女孩出生了,但是,她不知道迎接她的将是充满挫折的生活。她从小就失去父亲,一直在老师、朋友、同学及社会的帮助下渡过了各种难关。小女孩暗暗下决心:今后要像雷锋一样,做一枚助人为乐、永不生锈的"螺丝钉"。

进入学院学习后,她多次参加暑期"三下乡"社会实践活动,利用自己的专业技术去贫困地区义务维修和支教,这些经历使她深深体会到做"螺丝钉"助人为乐的快乐。

古语说,"凡事预则立,不预则废",一份好的职业生涯规划书是成功的开始。如今,女孩面临着毕业,她终于可以在自己的职业领域中实现自己的梦想,于是,她为了实现这个梦想拟订了一份职业生涯规划——"螺丝钉"的职业生涯规划。

规划生涯,规划未来,这个女孩自信地喊出了:我的未来,我做主!

1.自我认知

自我认知是对自我及其周围环境关系多方面、多层次的认知和评价。我将结合我的理想从以下几个方面来分析我的职业自我。

(1)我的理想

①家庭对我的影响。

②个人经历影响。包括老师的关爱;好友的帮助;兼职的经历;学生干部的锻炼;专业的特长。

熟练掌握了钳工、车工、铣工及数控等操作技能,学习了 CAD/CAM 的各种应用软件(AutoCAD、Pro/E 等),并获得了钳工中级证、AutoCAD 的一级证、数控中级等证书。除此之外,我还代表学校参加了全国、省市的各类创新技能比赛,获得了不少奖项。正是学校对我的培养,使我能更自信地去规划我的职业生涯。

③我的职业理想。综合以上分析,我明确自己的理想职业是从事 CAD/CAM 软件销售与技术服务。

④自我评价概况。我是一个性格外向、乐观、自信、多才多艺、爱好广泛、能力突出、有传统美德的女孩子,有较强的事业心,具备了有待开发的创业潜能,但我也是一个外强内弱、敏感的女孩子。

(2)自我评价及他人评价

①360 度评估。

②360 度评估概况。

优点:个性外向、活泼大方,生活自立、自强、乐观、懂事乖巧;具有团结友爱、勤俭节约、吃苦耐劳、乐于助人的传统美德;有较强的领导能力、沟通交流能力、创新能力和适应能力;自信、有激情、有行动力,是值得信赖的领导型、事业型"女强人"。

缺点:个性倔强;有时会松懈,有惰性;做事不够果断;喜欢争强好胜,逞强;过于追求完美,太理想化;世面不广,知识面不足。

(3)工具测评

①职业兴趣的测评。

②职业性格的测评。

③职业锚的测评。

(4)测评分析与自我分析的结合

我的个性特征:我是一个外向、活泼开朗的人,为人热情、大方、乐观、自信,喜欢挑战是我最大的个性亮点。

我的职业兴趣:我喜欢与专业有关联性的工作,所以我的职业兴趣就倾向于技术部门的领导型、管理型职务。

我的职业能力:有扎实的专业基础,具备一定的专业技能;兼职与学校的实习奠定了我工作的基础,有一定的社会阅历与工作经验,使我具备了从事专业领域中领导干部的职业能力。

我的职业价值观:家庭环境、社会对我的帮助,影响了我的职业价值观。我想利用我的职业技能去服务他人,为促进经济社会的和谐发展贡献自己的一份力,我愿在我的职业领域中做一枚能创造价值的"螺丝钉"。

(5)自我认知小结

经过上述的自我剖析、探索之后,我更加清楚地认识了自己,对于自身的优势、劣势有了更深刻、全面的认识。

性格:外向、开朗、活泼、热情、活跃。

为人:友好、谦逊、善解人意、吃苦耐劳、乐于助人。

特长:机械设计、演讲、辩论、体育。

兴趣:销售、设计、管理。

能力:具备较强的沟通能力、心理素质好、实践能力强、担任过学生干部,具备一定的领导能力和责任意识。

亮点:自立、自强、自信、乐观、有创新能力、勇于挑战、不轻言放弃、有行动力。

劣势:

做事大大咧咧,不讲究,不够果断;

追求完美,太理想化;

太重义气,心太软;

喜欢争强好胜,喜欢逞强。

通过对上述优势、劣势的分析,我明确了自身的长处与不足,有利于我在以后的生活中不断努力,扬长避短,创造我成功的职业生涯。

2.外部环境分析

(1)学校环境分析

①学校环境分析。

②学校环境对职业能力的提升。

③学校环境对职业价值观的影响。

(2)就业环境

①大学生就业现状。在严峻的就业形势下,大学生的就业受到了社会重点关注。随着高等教育的大发展,大学毕业生人数连年增长,就业压力不断增加。虽然政府在不断增加就业机会,大学生就业问题仍然不容乐观。

②影响大学生择业的因素。

③大学生就业趋势。

④企业的用人原则。

⑤我的就业期望。

通过对就业环境的详细分析,我确立了自己职业生涯中的就业期望。

对单位的期望:我希望自己毕业之后进民营企业工作,能学到更多,容易受到器重,将我的才能发挥出来。

对岗位的期望:我希望自己将来从事技术服务或销售及能把我的专业技能综合为一体的工作,如 CAD/CAM 软件销售与技术服务。

对待遇的期望:我希望自己将来从事的第一份职业除了底薪之外,还设有相应的福利待遇,也有提成、年终奖等,我希望我的工资不是固定不变的薪金,而是具有上升空间的。

对地域的期望:相对于北京、上海、宁波等城市来说,我更喜欢在杭州工作。

对行业的期望:我是 CAD/CAM 专业的,我希望从事 CAD/CAM 软件销售与技术服务行业。

对职业备选的策略:理想与现实总会有偏差,我会通过对自己的评估调整我的职业期望。

(3)职业环境

①专业认知。当我们在选择职业时,专业对不对口往往是我们择业的重点。而我所学

的专业是机械专业中的细分专业——计算机辅助设计与制造,简称 CAD、CAM。下面我将从几个方面来分析:

- CAD/CAM 专业的性质与地位。
- CAD/CAM 专业的培养目标。
- CAD/CAM 专业的就业方向。
- CAD/CAM 专业的岗位设置。
- CAD/CAM 就业及发展前景。

②重点透析——应用软件销售与技术岗位。

③专业认知小结。通过对 CAD/CAM 专业的应用软件销售与技术服务这个岗位的分析,我认为自己各方面都比较适合这个岗位,并且在软件销售上已有了 3 个月的实习经历,具备了一定的工作经验。我确定选择这个岗位是没有错的,相信我可以在这个领域做得很好。

(4)地域环境

不同地区的发展情况。

重点剖析——杭州。

地域分析小结。

(5)行业环境

①机械 CAD/CAM 软件的销售与技术服务行业。

②行业环境分析小结。

(6)企业环境分析

①企业环境分为宏观环境和微观环境。宏观环境一般包括 4 类因素,即政治、经济、技术、社会文化,简称 PEST,如图 5-1 所示。

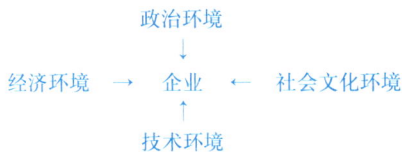

政治环境
↓
经济环境 → 企业 ← 社会文化环境
↑
技术环境

图 5-1　宏观环境因素

微观环境是企业生存与发展的具体环境。与宏观环境相比,微观环境因更能够直接地给一个企业提供更为有用的信息,同时也更容易被企业所识别。微观环境因素主要包括市场需求、竞争和资源以及直接有关的政策、法律、法令等方面,如图 5-2 所示。

市场需求因素
↓
资源因素 → 行业 企业 环境 ← 直接有关的政策、法律、法令
↑
竞争因素

图 5-2　微观环境因素

对一个企业的环境分析是非常重要的,只有这样才能结合自身条件选择更好的企业单位。

②重点透析——民营企业。

目标企业——杭州某公司

我认为,对于初出茅庐的我来说,选择这样的企业还是比较理想的。

③企业环境分析小结。对于刚毕业的人来说,对企业的抉择也是就业的重点。企业环境是影响你发展的重要因素之一,所以我们必须对所从事的企业有一定的了解并进行有针对性的选择。因此,我决定毕业后还是到杭州某公司发展。

3. 职业目标定位

职业生涯规划最重要的就是职业目标定位。我针对自身的技术能力、专业水平、自我薪酬等进行综合考虑后,作了 SWOT 分析来确定我的职业定位。

(1)SWOT 分析。通过对自己的 SWOT 分析,发现自己从事软件销售与技术服务行业是非常乐观的。在杭州的民营企业从事 CAD/CAM 软件销售与技术服务是我职业生涯的初期目标。

(2)职业定位。职业定位是职业生涯规划中的一个重要环节。我的职业目标:在 CAD/CAM 软件行业中,成为较大规模企业的总经理。

①近期职业目标(大学毕业)——优秀毕业生。

②中期职业目标(工作后 5 年内)——公司的技术服务部经理。

③长期职业目标(工作后 10 年)——成为 CAD/CAM 软件行业较大规模企业的总经理。

我的中期职业目标实现了之后,我就拥有了资本,如社会阅历、技术服务部经理的经验等。具备了这些宝贵的自身财富之后,我的职业目标又提升了一层。找准机遇,选择一家更大规模的公司去发挥我的才能,带领团队实现在该行业全国 Top10 的目标。

④总的职业发展路径。

4. 职业生涯设计

职业生涯目标定位之后,就进入了职业生涯设计——职业的实施阶段。通过具体制订的行动计划来实现每个阶段的目标,我对自己职业生涯中的准备期、适应期、发展期、高潮期、稳定期 5 个时期做了时间与目标的规划,详细分析了毕业前期计划、毕业之后 1~5 年的计划以及毕业 10 年之后的发展方向。

(1)职业生涯规划的 5 个时期:准备期、适应期、发展期、高潮期、稳定期。

(2)制订行动计划。我的行动计划分为短期计划(毕业前)、中期计划(工作之后的 1~5 年)和长期计划(工作之后的 10 年)。

我的远期职业目标是成为一家较大规模的民营企业的总经理,让自己有更大的发展空间。

第 6~7 年:观察社会、企业动态,应聘浙江省名流企业的技术总监职位,在更大空间内发展自己,带领团队创造高利润。

第8～10年:发挥自己社会阅历丰富、沟通能力强、做过多个基层岗位、熟悉业务、管理能力突出的优势,有对CAD软件行业发展的经营战略,成为一家较大规模的民营企业的总经理。

(3)动态反馈调整。职业生涯规划不是一成不变的,它是个人对自己各方面的分析,综合考虑自己的理想职业。但是社会终究是现实的,我们的理想职业可能会因为环境、社会、人、事、物的一些影响而无法实现。针对这样的情况,我们必须在制订职业生涯规划时考虑动态反馈调整。

①评估我的职业目标(半年一次)。

目的:使自己能快速认清自我,通过评估进行分析,制订更适合自己的行动计划与职业目标。

要素:可行性、一致性、灵活性、时事性、持续性。

内容:第一,是否能适应工作环境;第二,是否成了优秀员工;第三,是否成为技术服务部经理;第四,是否成功进入软件销售与技术服务行业的民营企业;第五,是否在民营企业里发展得好;第六,是否成为软件行业民营企业的总经理。

②评估我的职业目标。通过评估我任职的情况,对自己规划的职业目标、职业路径与行动计划进行调整。可能会选择更有发展前景的工作来锻炼和培养自己,在通过调整之后,我也会对自己当前的情况作一个详细分析,找到更适合自己的职业,做一份更完整的职业规划来进行我的二次职业奋斗。

③修正职业目标。对自己来说,我的职业目标应该不会有很大的改变。因为现在的我即将走上职场,所以现在做的职业生涯规划是最适合自己,也是最具有幸福度和满意度的。通过对自我的剖析、环境的剖析等,我有了职业目标定位并制订了相应的行动计划,制订出一份目前为止最适合我自己的职业生涯规划书。但是,我也会在实行计划并达到目标的过程中通过评估和反馈来适当修正自己。

④制订备选职业方案。

假如我不能胜任目标岗位,我该怎么办?

假如我没进该行业规模较大的企业,我该怎么办?

理想与现实是有落差的,当我们发现自己经历的与自己想象的不一样时,我们该怎么办?这就需要我们制订备选的职业方案。

我的备选职业方案:

方案一:做CAD/CAM软件销售精英,成为公司的领导干部。

方案二:公司的管理类工作。

方案三:创业是最积极的就业。

5.结束语

一份适合自己的职业生涯规划,可以引领你实现完美的人生。

历经3个多月,我终于为自己拟订了一份适合自己的职业生涯规划。从3个月前对自己的未来还很迷茫,到现在已经可以明确说出我要过怎样的职业生活,我要达到怎样的职业目标,这对即将毕业的我来说是一件幸福的事情。

制订职业生涯规划的过程使我做了全方位的自我剖析,清楚了自己喜欢并且适合怎样的岗位;对外部环境、目标地域、目标行业企业、职业设计等有了清晰的了解,并制订出了自己今后详细的行动计划,为自己定下事业大计,筹划好未来实现自己的"螺丝钉"梦想。

第六章　新时代大学生就业指导

　　大学生就业,往往需要大学生在进校伊始就做好准备。进入大学校园,我们的任务不光是学习,还应当充分利用学校的资源,从各种渠道吸收知识和学习方法,培养独立学习的能力和研究方法,为今后的社会工作打好基础;了解自己所学的专业和专业前景,从而对自己今后的就业有清晰明确的认识。

　　同时,大学生就业竞争日趋激烈,就业压力日渐加大。大学生在就业中往往处于弱势地位,一些招聘单位、中介机构或个人,利用大学生社会经验不足、自我保护意识差、求职心切等弱点,以提供就业机会为诱饵,采用违背道德、违反法律等手段,与大学生达成权利与义务不对等的就业意向或协议,使大学生受骗上当,合法权益受到侵害。因此,广大毕业生在求职过程中应学会识别和规避各种就业陷阱,增强自我保护意识,了解和掌握维权求助的途径,最终实现自己的权益保护。

【案例导入】

大学生竞聘殡葬业,理性选择还是无奈之举

　　殡葬业这个冷门行业在近几年一下子红火起来,大学生争相竞聘,甚至出现了100:1的录用比例。大学生热衷殡葬业是理性选择还是无奈之举?

　　2009年年初,上海殡葬业首次面向大学生公开招聘。418个殡葬岗位吸引了5000名大学生到现场咨询,其中还包括一些"海归"学生,并收到简历3220份,有1/3的应聘者选中了"防腐整容师"岗位。

　　除上海外,杭州萧山区民政局殡葬管理所推出了炉工和营业员两个岗位,仅炉工这个岗位就吸引了100多人报名,且绝大多数是大学毕业生。而北京殡葬系统计划招收5~6名大学应届毕业生,在半个月的时间里就收到了500多份大学生应聘简历,有近1/4是硕士研究生,录用比例达到100:1。

　　有人认为,应聘殡葬业只是为了找到工作的无奈之举。"因为工作越来越难找,所以大学生才会把目光投向殡葬业。这和大学生卖猪肉、当船夫是同一个道理。"随着大学年年扩招,大学生已经不再是什么"稀罕物",面对极其严峻的就业形势,许多大学生只好降低择业标准,去竞聘保姆、环卫工、保安、理发师、办事员等岗位。

　　殡葬业抢手反映大学生求职更加务实。湖南长沙民政职业技术学院现代殡仪技术与管理系相关负责老师告诉记者,近几年来大学生热衷殡葬业最主要的原因是人们的观念发生

了改变,不再对殡葬业像以往那样忌讳。可以看出,殡葬业本身地位在提高,硬件软件发展都很快。作为天之骄子的大学生对自己的角色身份有了更加清醒的认识,职业无高低贵贱之分,只是社会的分工不同罢了。在当前经济社会,只要凭借自己勤劳的双手、聪明的脑袋挣钱,都应该受到尊重,而不应该受到歧视。

第一节　大学与大学生活

一、大学要学会的事

(一)学会学习

北大前校长蔡元培先生在《北大学刊》发刊词中写道:"大学者,囊括大典、网罗众家之学府也;大学者,研究高深学问者也。"进入大学的校园,主要任务是学习。大学生应当充分利用学校资源,从各种渠道吸收知识和学习方法,培养独立学习的能力和研究方法,为今后的社会工作打好基础,以便适应瞬息万变的未来世界。

(二)学会做事

学会做事即学会应用所获得的知识技能去分析和解决实际问题的能力。这种实践能力实际上还和具有创新意识与精神、勇于克服困难、善于同他人协作等心理品质相联系,是一种综合能力。在大学里,很多大学生积极加入学生社团组织,参与社团是步入社会前最好的磨炼。在社团中,可以培养团队合作的能力和领导才能,也可以发挥你的专业特长。更重要的是,你要做一个诚心诚意的服务者和志愿者,或在参与学生工作时主动扮演同学和老师之间桥梁沟通的角色,并以此锻炼自己的沟通能力。

(三)学会人际交往

对于如何在大学期间提高人际交往能力,首先,要以诚待人,以责人之心责己、以恕己之心恕人。对别人要抱着诚挚、宽容的胸襟,对自己要怀着自我批评、有过必改的态度。与人交往时,你怎样对待别人,别人也会怎样对待你。其次,培养真正的友情。如果能做到这一点,很多大学时的朋友就会成为你一辈子的知己。最后,提高自身修养和人格魅力。如果觉得没有特长、没有爱好可能会成为自己提高人际交往能力的一个障碍,那么,你可以有意识地选择和培养一些兴趣爱好,共同的兴趣和爱好是你与朋友建立深厚感情的途径之一。如果真的没有什么兴趣爱好,那么,多读些好书丰富自己的知识也可以改进自己的人际交往能力,因为没有什么比智慧和渊博的知识更能体现一个人的人格魅力了。

(四)学会生存

为适应社会的迅速变革与发展,大学生应学会掌握自己命运所需的基本能力,即思考、判断、想象、表达、情绪控制和社会交往等方面的能力。这些能力既是个人为完善自身的个性所需要的,也是作为社会成员发挥自主性和首创精神进行革新与创造的保证。

二、大学为未来的职业生涯做好准备

(一)什么是专业

一般而言,我国现行高校教育中所指的专业主要是指根据学科分类和社会职业分工,分门别类地进行高深专门知识教学活动的基本单位。按照专业设置组织教学,进行专业训练,培养专门人才是现代高等教育的重要职能之一。

专业的形成有其内在规律:一方面,社会分工的需要是专业的生命之源;另一方面,自然科学和社会科学的分化与综合以及高等教育自身的发展推动了专业的形成。古希腊哲学家亚里士多德首次对人类知识进行了系统的学科分类,专业的概念初现端倪。专业学习是大学学业最重要的组成部分,扎实的学业为未来的就业、创新创业开辟了道路。

(二)专业与职业的关系

选择适合自己的专业有利于未来的职业发展。如果说,职业理想和就业目标是目的地,那么专业学习就是通往目标的主要路线。所以,宽厚扎实的专业基础知识学习和较强的综合素质实乃职业发展之本,精深的专业知识是职业发展的核心竞争力所在。

但是,专业不完全决定职业,当前中国经济社会的发展让大学生有了充分的就业创业自主权。条条道路通罗马,成功的道路千万条,但专业学习是道路中最短的一条。

三、大学毕业生的毕业去向解析

党的十八大报告指出:"实现更高质量的就业。就业是民生之本。要贯彻劳动者自主就业、市场调节就业、政府促进就业和鼓励创业的方针,实施就业优先战略和更加积极的就业政策。引导劳动者转变就业观念,鼓励多渠道多形式就业,促进创业带动就业,做好以高校大学生为重点的青年就业工作和农村转移劳动力、城镇困难人员、退役军人就业工作。"

(一)就业主渠道:民营企业

目前,70%的大学毕业生选择在民营企业就业,民营企业已成为大学生就业的主要渠道。民营企业具有体制灵活、市场反应快的特点,竞争力很强。民营企业不断发展壮大,必将成为未来迎战跨国企业强有力的生力军。

(二)就业"金饭碗":公务员

如何让公务员考试保持一个合理热度,需要国家的政策导向。随着现行国家公务员制度的不断完善和中国经济社会发展的整体进步,劳动者对公务员的选择会越来越理性与客观。

(三)扎根基层

面向城乡基层、中西部地区以及民族地区和艰苦边远地区就业。

(四)自我突破:自主创业

鼓励和支持高校毕业生自主创业的政策措施:①鼓励高校积极开展创业教育与实践活动;②税费减免与小额贷款;③创业服务;④鼓励、支持高校毕业生灵活就业。

第二节　大学生的求职路径

随着改革开放的愈加深入,高校毕业生的就业途径及流向越来越多元,呈现出多层次、多渠道、多方位的特点。下面介绍几种主要的求职路径。

一、学校推荐

学校推荐,即通过学校就业指导中心或学生工作处或院、系等部门推荐就业岗位。几乎所有的学校都安排专门人员负责毕业生的就业推荐工作。一是学生的就业状况从侧面反映了学校的教学水平,一个学校的毕业生在社会上供不应求,也能在一定程度上反映这个学校的办学质量,因此学校对此非常重视;二是许多用人单位还是习惯直接与各个高校或是学校教学单位联系用人事宜,特别是小规模的招聘,一般都到学校进行了解和宣传。这种招聘要求一定程度的专业对口,对专业性较强的毕业生来说,是一个重要的就业机会。因此,毕业生应经常到学校就业指导中心或院、系办公室了解就业信息,主动与院、系负责学生工作的老师保持联系,以便利用此方法轻松获取就业机会。

值得一提的是,毕业生更应积极关注校园招聘会,因为校园招聘会往往最贴近大学生。一是没有歧视,人人平等。只要有能力,就会有机会。而校园招聘会看中的是这所学校的学生与其需求之间的一致性。二是省时省力,命中率高。毕业生往往花费大量的时间、金钱去参加招聘会,由于针对性不强,参加几场招聘会往往一无所获。而校园招聘会上的企业往往是看中了该校某些专业的人才,他们将招聘的目标锁定在这所学校的这些人才上,因此,求职的命中率比社会招聘会高得多。三是可信度高,值得信赖。在学校招聘,企业往往都要经过校方层层审核后方可入校招聘,这些单位往往比较可靠。有的学校还会向毕业生公布招聘单位的详细背景、招聘要求、福利待遇、薪酬水准等,让学生在求职前就对这些单位有较为真实的了解,能按照自己的要求去选择合适的企业。

二、社会各级人才市场

国家政策指导毕业生"自主择业"是我国高校毕业生就业工作的目标。随着市场经济的深入发展和劳动人事制度的进一步改革，社会上各级各类人才市场、中介机构如雨后春笋般涌现出来，同时毕业生择业的自主权越来越大。因此，通过人才中介的方式实现就业，也是毕业生求职就业的重要途径。在人才市场上，毕业生可以了解到各类不同的用人单位和具体职位信息，寻求面试锻炼的机会，掌握面试的技能，增强面试的自信心，也能为今后的求职转岗积累经验。它为毕业生求职提供的有利因素是信息量大，就业机会多，交流直接，服务便利。但这些招聘会的用人单位多以招聘有工作经验的人才为主，招聘对象也包括很多低层次的劳动力。即使号称是毕业生专场，仍可能混杂一些并不招应届生或借机做宣传充门面的单位。而且有的招聘会以盈利为主要目的，在组织管理、安全保卫等工作方面都有欠缺。毕业生可以通过参加这类招聘会来了解就业行情并就此熟悉社会，即使不能找到心仪的单位，也能够丰富自己的经验，把求职当成对自己的历练。

【案例阅读】

在学校举办的小型招聘会上，毕业生小李的父母亲在招聘会尚未开始时，就早早地到会场打听单位的情况。招聘会开始很久以后，小李才姗姗来迟，并由家长陪同前往用人单位摊位前面谈。面谈过程中，小李发言的时间还没有其父母多，结果谈了一家又一家，最终仍一无所获。

【分析】小李的问题出在择业过程中过分依赖他人，其实，依赖他人是难以选择到一份满意的工作的。现在的毕业生中，独生子女所占的比例越来越大，他们的生活一帆风顺，没有经历过什么挫折，再加上父母亲的过分呵护，客观上也培养了他们的依赖心理。这些毕业生大多缺乏主见，自我意识模糊，在择业中常会茫然不知所措，自己独立进行择业决策的能力差，以致在人才市场上，父母代替子女、亲友代替本人与用人单位洽谈的场面屡见不鲜。难怪有用人单位对依赖性过强的毕业生说："你本人都要靠别人来推销，企业还能靠你来推销产品吗？"

三、网络招聘

网络招聘发展蓬勃，越来越受到用人单位和求职者的青睐，在众多招聘渠道中逐渐成为主流。

与传统的招聘手段相比，网络求职具有其他招聘方式所不能企及的优势：其一，信息量大，时效性强。在人才网站，可以随时查询数万条信息，而且信息更新速度快，每天更新的职位都很多，关注招聘网站，能在第一时间掌握用人需求。其二，人性化服务强。招聘网络的搜索引擎分门别类，通过网站可以轻松地对工作类别、地区和需求等条件进行全方位智能查询，快速、准确地查询到所需求的包括行业、职能、工作地点、工资等信息，方便各类各层次的求职者；对于企业的 HR 来讲，依托网站强大的人才资源库，很快就能搜索到自己所需要的人才,动用人力少且赢得了宝贵的时间。其三,无地域限制。网络空间可以延伸到全国各地乃至全球,这无疑给求职者创造了更多的就业机会。特别是异地求职者,不需要往返奔波,不需亲临现场,即可获得与其他求职者同样的机会。其四,经济实惠。如果通过传统的求职方式,求职与招聘者要花去广告刊登、摊位租用、简历印刷、通信交通等大量费用,而现在只要一次性将供需信息扫描到计算机里,就可以发给多家网络招聘单位。

通过网络求职成功的比率在近一两年内迅速提高,调查结果表明,近五成的网络求职者具有网络求职成功的经验,或认为这一方式比较容易成功。

有关调查还显示,已有近1/3的企业在招聘时采用了网上招聘的形式,但60%以上的企业在招聘过程中往往会选择2～3种方式的组合,以便获取更多更好的人才信息,尽量为企业选择到最合适的人才。

四、社会实践或实习

大学生社会实践有多种方式,如勤工助学、社会服务、毕业实习等。社会实践实际上是大学生开发就业信息的重要渠道。在社会实践过程中,不仅可以通过自己的努力赢得用人单位的认可,培养社会实践能力,积累社会经验,还可以有意识、有目的地关注行业发展趋势、人才需求状况、具体单位和岗位的用人要求等与大学生就业相关的问题,加强对职场的了解,提升自己的求职意识。

毕业实习是学生正式工作之前非常宝贵、很有价值的就业锻炼经历,通常被视为参加工作的演习、踏入社会的前奏,很多毕业生通过毕业实习实现了就地就业。因此,毕业生在选择实习岗位时,注意要以自己欲谋求的职业为标准,并利用实习加深自己所学的知识与技能,即使实习后不能被录用,如果自己的履历表上填上了实习这段历史,将来在毕业后谋职的竞争中也将处于有工作经验的优势地位。

五、人脉

据调查,招聘网站和招聘会两种渠道占招聘总量的80%以上,但还有一种求职方式令人不敢小觑,这就是人脉。人脉是前两种主流招聘方式的有益补充。每个人都会有人脉,关键要自己做一个有心人。老师、同乡,每个人都有,但很少有人认真想过,这些资源能给自己带来哪些机会,为了得到这些机会,我应该付出什么。再比如,每年学校都会举办各种有企业人力资源经理参加的讲座,这样的大好机会,有谁认真把握过?

在一些地方的中小企业,通过人脉招聘甚至会成为企业的主要招聘方式,很多企业的人事经理甚至认为其他招聘方式都不可靠,只有熟人介绍的才靠得住。这当然过分夸大了人脉的作用,比如大企业特别是跨国公司的招聘,通常是有组织有计划的,人脉的作用就相对比较小。但认识这些公司的员工,并对他们的工作情况有大致的了解,然后在面试中亮出来,一定能获得不少加分。因此,我们要做个有心人,在生活、学习、工作中充分积累自己的人脉。

第三节　就业协议

就业协议是《全国普通高等学校毕业生就业协议书》的简称,是高校毕业生与用人单位协商一致,明确双方当事人之间权利和义务关系的书面协议。如根据教育部和《辽宁省促进普通高等学校毕业生就业规定》的要求,应届毕业生在落实就业单位后必须与用人单位和学校签订毕业生就业协议。就业协议是毕业生与用人单位确立劳动关系的依据和标志,也是毕业生就业主管部门编制毕业生就业计划、制订就业方案的重要基础,是高校毕业生就业派遣的重要根据,也是政府统计高校毕业生就业率的重要依据。就业协议经毕业生、用人单位和学校签字盖章后生效,三方必须严格履行。毕业生应正确认识和掌握就业协议的内容、订立的原则和程序及注意事项。

一、就业协议的内容

就业协议是高校毕业生与用人单位确立劳动关系的法律文书,也是明确当事人之间权利义务关系的基本依据。

(一)规定条款

按照《普通高等学校毕业生就业工作暂行规定》的要求,为维护国家就业计划的严肃性,明确毕业生、用人单位、学校三方在毕业生就业工作中的权利和义务,就业协议中应包含以下内容:

1.签约各方必须遵守的规定和原则

本条款规定毕业生、用人单位和学校三方在签订就业协议的过程中必须遵守国家法律和教育部门的相关规定,应当坚持公开、公正、公平和诚实信用原则,应当遵守社会公德。不得采取欺诈、损人利己等不正当手段或做出违背诚实信用原则的不文明行为。

2.毕业生应遵守的规定

本条款要求毕业生在签订就业协议时,本人的情况应当符合就业政策的相关规定,要了解国家对毕业生就业工作的方针政策,同时应当遵守有关的程序规定,并实事求是地向用人单位介绍自己在德、智、体、美、劳方面的实际情况,表明自己的就业意向。在签订就业协议前,毕业生还应当了解用人单位对毕业生的用工意图和拟提供的工作岗位,并结合自己所学专业和实际情况综合考虑是否选择到该单位就业。如毕业生对用人单位在工作期限、劳动保护、工作条件、工资报酬和福利待遇及违约责任等方面有特殊约定,应在"毕业生对用人单位约定"栏注明并经用人单位盖章后生效。

3. 用人单位应遵守的规定

用人单位与毕业生洽谈时,要如实介绍本单位的情况。应当将用人单位的工作地点、单位性质、生产规模、产品内容、工作条件和工资待遇,以及对毕业生所学专业的要求、具体的工作岗位等情况实事求是地向毕业生介绍,不得做虚假介绍,并应明确对毕业生的要求及用工意图。毕业生与用人单位签订就业协议后,持报到证到用人单位报到时,用人单位要做好接收毕业生的各项工作,如为毕业生办理人事关系、户口关系、档案关系的转入手续,介绍工作的具体安排,生活、饮食、住宿及厂规、厂纪等方面的情况。对于已取得毕业资格的毕业生,用人单位不得以学习成绩及其他理由违约或拒绝接收。用人单位也可以与未取得毕业资格的结业生签订就业协议,但应同时出具同意接收结业生的证明。

4. 对学校的要求

一是学校作为签约的一方要实事求是地向用人单位介绍毕业生的情况,做好推荐工作;二是学校要对毕业生与用人单位签订的就业协议进行审核,即就业协议应符合国家的有关政策和学校的规定,学校将符合政策规定的就业协议汇总上报省就业指导部门审核批准后,列入就业方案下达给学校执行,由学校正式为毕业生办理就业手续并颁发报到证。

5. 体检要求

本条款是对毕业生的身体情况提出的要求。学校应在学生毕业前为毕业生安排一次体检,并给出结论性意见。体检合格的,学校颁发报到证;体检不合格的,学校不予派遣。同时,就业协议自行取消,由学校通告用人单位。如用人单位对毕业生的身体条件有特殊要求,原则上应在签订协议前进行单独体检,否则,以学校体检为准。身体不合格的毕业生,学校将要求其回家休养治病,待身体痊愈后,重新派遣。

6. 签约三方约定要求

本条款强调:对毕业生、用人单位、学校三方在签订就业协议时,如有一些其他的事项或特殊的约定,应当在就业协议的备注栏中写明。应注意的是,对于其他的约定,一定要在备注栏中签字、盖章。否则,可能导致因其他约定发生争议。

7. 履约和违约责任

就业协议经各方签字盖章后生效。三方均应严格履行就业协议,签约一方因特殊情况提出变更协议,需经另两方同意,并由违约方承担相应的违约责任。承担违约责任的方式有赔礼道歉、赔偿损失、支付违约金等。

8. 就业协议的持有

协议一式四份,毕业生、用人单位、学校、省毕业生就业主管部门各执一份,复印无效。

(二)签署意见与签字盖章

这部分包括两方面内容:

1. 毕业生的情况及应聘意见

这部分必须由毕业生本人填写,包括姓名、性别、年龄、民族、政治面貌、培养方式、健康状况、专业、学制学历、联系电话、应聘方式和家庭地址等。在"毕业生应聘意见"一栏中,由毕业生填写自己的应聘意见,毕业生应表明自己是否愿意到用人单位就业。

2.用人单位的情况及接收意见

这部分由用人单位填写,包括单位名称、单位隶属、联系人、联系电话、单位性质和毕业生档案转寄详细地址等。在"用人单位意见"一栏内包括用人单位意见和用人单位上级主管部门意见。

(三)用人单位对毕业生的约定和毕业生对用人单位的约定

这是为毕业生、用人单位双方共同约定的其他条款所设定的,毕业生与用人单位约定的条款应不违反国家法律法规和有关政策、不违反学校的有关规定,且约定只在毕业生与用人单位之间产生效力,学校不应予以干涉。用人单位与毕业生的约定通常包括以下内容:

1.工作期限

此条款包括服务期、见习期或试用期。毕业生可以与用人单位约定具体的服务期及相应的见习期或试用期的时间。见习期是指毕业生在参加工作的开始阶段所经历的接受考察和熟悉本职业务的期限。实行见习制度是为了使毕业生熟悉工作岗位,为以后工作打下基础。在见习期内,毕业生不能评定正式工资,只发给临时工资,见习期满后符合用人单位规定要求的即可转正,并从见习期满后的第一个月起享受正式职工的待遇,对于见习期内表现不符合规定要求的毕业生,用人单位可适当延长见习期,延长期限为半年至一年。试用期是用人单位和毕业生在建立劳动关系后为相互了解、选择而约定的考察期限。试用期的规定便于用人单位了解毕业生的全面情况,也有利于毕业生了解用人单位的情况。按照《中华人民共和国劳动合同法》(以下简称《劳动合同法》)的规定,试用期最长不得超过6个月,试用期不可延长。试用期满,毕业生符合录用条件的可以转正,不符合录用条件的则可以解除劳动关系。

2.劳动保护和工作条件

这是对用人单位设定的义务条款。毕业生可以按照相应的法律规定,与用人单位约定具体的工作条件及相应的劳动保护。用人单位为毕业生提供的工作条件和劳动保护应当符合国家有关法律的规定。同时,毕业生也应遵守相关法律规定,不得向用人单位提出无理要求。

3.工资报酬和福利待遇

此条款是对毕业生履行劳动义务后应享受的劳动成果的约定,也是用人单位依法支付给毕业生工资、奖金等方面的约定。这既是毕业生的权利条款,也是用人单位的义务条款。

4.违反就业协议的责任

该条款强调毕业生和用人单位必须履行就业协议规定的义务并对违约承担相应的

责任。

5. 就业协议终止的条件

签署就业协议时,应注意签约双方认为需要增加的约定条款。如毕业生升学的处理办法;工作后是否可以继续升学;毕业生调离用人单位的条件等约定。

（四）学校审核意见

学校审核意见包括院系意见和学校意见。院系意见是毕业生所在学校的基层初步审核意见,院系在就业协议上签署意见并签字盖章。学校意见是学校对就业协议进行实质性审核,在就业协议上签署意见并签字盖章。

二、就业协议的签订

（一）就业协议订立的原则

1. 主体合法原则

签订就业协议的当事人必须具备合法的主体资格。对毕业生而言,要取得毕业资格,如果学生在报到时未取得毕业资格,用人单位可以不予接收且无须承担法律责任。对用人单位而言,必须具有从事各项经营或管理活动的能力,单位应有录用指标和录用自主权。否则,毕业生可解除协议且无须承担违约责任。对高校而言,应根据用人单位的要求如实介绍毕业生的在校表现,并将所掌握的用人单位的信息发布给毕业生。高校在签订就业协议的过程中应进行监督和指导。

2. 平等协商原则

当事人在签订就业协议时的法律地位平等,一方不得将自己的意志强加给另一方。学校也不得采用行政手段要求毕业生到指定单位就业(不包括有特殊情况的毕业生),用人单位也不应在签订协议时要求学生缴纳风险金、保证金。

（二）就业协议订立的程序

就业协议订立一般要经过要约和承诺等步骤。

1. 要约

毕业生持学校的就业推荐表参加各种形式的供需见面洽谈会,进行双向选择或向用人单位寄发简历,即为要约邀请;用人单位收到毕业生材料,对毕业生进行考查后,表示同意接收并将接收函寄给高校或毕业生本人,即为要约。

2. 承诺

毕业生收到用人单位接收函或得到用人单位答复后,从中作出选择,与用人单位签订协议,即为承诺。

毕业生和用人单位达成协议并在就业协议上签名盖章,用人单位应在就业协议上注明接收毕业生档案的准确名称和地址及邮政编码。

用人单位招聘如须经主管部门同意,则应报上级主管部门批准。

用人单位或毕业生签订协议后必须将协议书(一式四份)送到学校毕业生就业工作部门。

学校毕业生就业工作部门审核盖章同意后,一份协议书上报省就业主管部门,用作毕业生的派遣,一份学校备案,其余两份协议书及时反馈给用人单位和毕业生。

(三)就业协议的解除

就业协议的解除分为单方解除和双方解除。

1. 单方解除

单方解除包括单方擅自解除和单方依法或依协议解除。单方擅自解除协议属违约行为,违约方应对另两方承担违约责任。单方依法或依协议解除是指一方依法或依协议解除就业协议,如学生未取得毕业资格,用人单位有权单方解除就业协议;或依协议规定,毕业生考取研究生后,可解除就业协议,等等。此类解除方无须承担法律责任。

2. 双方解除

双方解除是指毕业生、用人单位经协商一致取消原订立的协议,使协议不发生法律效力。此类解除应是双方当事人真实意思表示一致的体现,双方均不承担法律责任。解除就业协议应办理解约的相关手续,在办理完解约手续后,毕业生才可重新择业。

(四)办理解约的程序

就业协议生效后一般不允许解约。但因特殊情况,其中一方提出解约,须经过另两方同意后方能办理解约手续,如解约行为给另一方造成损失,应承担相应责任。办理解约的程序如下:

原签约单位出具同意解约的公函(简称"退函"),它体现对用人单位或毕业生的知情权的尊重。退函要注明解约的原因,以确认违约方的责任。

毕业生持单位退函(若毕业生解约,须同时持有本人的解约申请书,注明申请事由及是否愿意承担违约责任等),到学校就业主管部门审核批准后,换发新的就业协议。

三、签订就业协议的注意事项

就业协议明确三方的权利和义务,具有法律约束力,也涉及毕业生的切身利益,因此,毕业生在就业签约时应注意以下几个问题。

(一)认真地了解和掌握国家及省、市有关就业的相关政策与法律规定

国家和地方有关毕业生就业的政策和法律规定,是毕业生明确择业方向、选择择业范围、确立劳动关系的依据,毕业生从中了解自己在择业和就业过程中可以做什么、不可以做什么,以及怎样做。例如,关于择业期内户口、档案的迁移、保管等政策规定。

(二)慎重签订就业协议

毕业生在与用人单位签订就业协议前,要认真阅读协议书中的全部条款,特别要清楚用人单位提出的附加条款的内容和含义,应学会运用协议条款维护自己的合法权益,掌握签订就业协议的具体步骤和程序。为此,毕业生在签订就业协议时,应当做到以下几点:

1.查明用人单位的资质

签订就业协议的当事人必须具备合法的主体资格,一般而言,用人单位应具有依法从事各项经营或管理活动的资格和能力,并应有录用指标和录用自主权。

2.按规定的程序签订协议

毕业生应通过与用人单位洽谈,并在双方意见一致后与用人单位签订就业协议,然后交学校就业管理部门审核。

3.有关条款的内容必须明确

就业协议一般由国家或省级就业主管部门事先拟定。毕业生与用人单位经协商,如确有必要进行补充或增加,可以在就业协议中增加相应内容,但应语言规范,内容明确,不应产生歧义,特别是协议中涉及福利待遇、工作期限、违约责任等条款必须规范明确。否则,一旦发生争议不利于双方合法权益的保护。

4.注意将就业协议与劳动合同相衔接

大学毕业生在择业时和就业后,先后与用人单位签订就业协议和劳动合同,两者既有联系,又有区别。由于毕业生就业协议签订在先,为避免此后订立劳动合同时产生纠纷,应尽可能地将劳动合同的主要内容体现在就业协议的约定条款中,并明确规定此后订立劳动合同时应予确认。

5.就业协议的解除条件可事先约定

就业协议一经订立,就对当事人具有约束力,一方不得随意解除。否则,应承担违约责任。

(三)注意约定条款的合法性、合理性和可接受性

目前,毕业生使用的就业协议是由教育部统一印制的,由于地区之间存在差异和用人单位之间各自情况的不同,就业协议中不可能规定得全面、详细,许多内容要由毕业生与用人单位约定。但是,毕业生在与用人单位进行约定时要注意,约定的内容是否合法,约定的条件是否合理,约定的条款毕业生本人能否承受。例如,关于违约问题,有的用人单位为了惩罚违约的毕业生,约定的违约金数额过高,使学生难以承受。毕业生与用人单位约定的条款,必须有毕业生和用人单位的签字。否则,当发生争议时,由于没有双方的签字,约定条款的效力就难以认定。

【案例阅读】

依据就业协议承担违约责任

2014年4月,一家通信公司与某高校应届毕业生向丽签订了就业协议,协议约定:向丽毕业后,公司与向丽建立劳动关系,并为向丽办理在京户口,同时约定向丽的服务期限为五年,如果向丽未按照约定期限履行,应当向公司支付违约金3万元。2014年7月,向丽毕业,经过岗前培训,成为公司项目部的一名工作人员,公司按照约定,为向丽办理了进京户口。劳动关系顺利履行至2015年2月,公司要求与向丽签订正式劳动合同,向丽没有签订。2015年2月28日,已经成为公司项目经理的向丽向公司递交了书面辞职报告。公司同意向丽辞职,但要求向丽按照约定支付违约金3万元。向丽向公司交纳了26 000元违约金,口头同意剩余违约金从离职工资中扣除。公司扣除向丽2月份的工资,为向丽办理了全部离职手续。

2015年4月27日,向丽向北京市某劳动争议仲裁委员会申请劳动争议仲裁,认为其未与单位签订劳动合同,单位收取违约金没有依据,故要求单位返还违约金并支付拖欠的2月份的工资及拖欠工资25%的经济补偿金。

本案经北京市某劳动争议仲裁委员会审理,2015年6月,劳动争议仲裁委员会作出裁定,认为公司要求向丽支付3万元违约金作为提前解除劳动关系的违约金,向丽没有提出异议,并已经实际履行了26 000元,这种做法是向丽接受公司对其提出的辞职条件,并无不当。但是,公司直接扣除向丽工资4 000元作为违约金,因没有证据证明经其本人同意,应认定为公司是无故拖欠工资的行为,因此,公司应当补发工资4 000元并支付拖欠工资25%的经济补偿金1 000元。当事双方均服从裁定未提起诉讼。

本案中涉及的法律问题主要有以下几个方面:

1. 就业协议的效力

本案中,争议双方签订了就业协议,没有签订劳动合同。就业协议中的约定就成为履行劳动关系过程中应当履行的条款。双方已经形成了劳动关系,用人单位也按照约定履行了为向丽办理进京户口手续的义务,因此,向丽也应按照协议约定的服务期限、违约责任等履行协议。

2. 事实劳动关系的法律后果

本案中,公司与向丽之间没有签订书面的劳动合同。但是,就业协议中约定向丽的服务期限为五年,可以认为自双方形成事实劳动关系之日起,向丽应为公司服务五年。向丽在工作了8个月后提出解除劳动关系,显然是一种违约行为,应当按照约定承担违约责任。

3. 解除劳动合同违约金的约定及履行

本案中,当事人双方在形成劳动关系前所签订的就业协议中具有违约金的约定,劳动关系形成后,就业协议的约定成为履行劳动关系的约定,公司要求向丽承担违约责任是依据就业协议中违约金的约定。就业协议中违约金的约定没有超过向丽12个月的工资总额,违约金的约定是合法的。

4.4 000元违约金的处理

本案中,公司主张以工资抵消违约金已经向丽口头同意,但对此不能提供证据证明,因此,公司的主张不能成立,不能直接扣向丽的工资作为违约金。但是,向丽认可与公司约定3万元违约金的事实,向丽实际履行的金额只有26 000元。所以,公司仍有要求向丽履行剩余违约金的权力。

【分析】目前,因大学毕业生就业协议争议时有发生,一些大学毕业生的就业权益屡受侵犯,大学毕业生要在守法的前提下,学会用法律的武器保护自己,维护自己的合法就业权益,更好地走向职场。

四、就业协议争议的解决办法

就业协议争议的解决办法主要有以下3种:

①毕业生与用人单位协商解决。当违约责任在毕业生一方时,毕业生应积极、诚恳地与用人单位沟通、说明情况,以坦诚、真挚的道歉说服用人单位,以赢得用人单位的理解与谅解,在此基础上,经双方协商达成新的意向。

②学校或当地毕业生就业主管部门与用人单位协调。此法多用于因用人单位引起的争执。毕业生势单力薄,处于就业市场弱势地位,同用人单位交涉难度较大。由学校及其上级部门领导和专家出面调解,往往可以取得令人满意的效果。

③对于协商、调解无效的,毕业生可以在法定期限内直接向有管辖权的当地人民法院起诉,由人民法院依法裁决。

五、毕业生违约的表现及处理

(一)毕业生违约的表现

近年来,毕业生在签订就业协议过程中的违约行为越来越多。毕业生应慎重签约、理性签约、诚信签约。

毕业生违约的表现主要有:①省毕业生就业方案下达后,毕业生手里拿着报到证不去单位报到,提出更换就业单位;②同时与多家用人单位签约,从中取舍;③已与用人单位签约,欲毁约与另外用人单位签约;④向用人单位提供不真实材料,严重违反诚信原则等。

(二)毕业生违约的处理

毕业生违约的,应由违约方办理违约手续,并承担违约责任。关于考取国家公务员与签订就业协议,一般大学生签订就业协议在前,考取国家公务员在后,如果签订就业协议时注明"如被录取公务员,则本协议无效",就不属于违约;否则,属于毕业生违约,用人单位可以向毕业生要求赔偿。

办理违约手续时需提交的材料有:①原签约单位同意解除就业协议的书面证明;②国家

公务员录取通知书或相关证明;③本人申请报告,并附上学院意见。

经学校毕业生就业主管部门审核同意后,换发新的就业协议,毕业生再与招录公务员的单位签约。

<h1 style="text-align:center">第四节　劳动合同</h1>

一、劳动者的权利和义务

(一)劳动者的主要权利

《中华人民共和国劳动法》(以下简称《劳动法》)是以维护劳动者的合法权益为目的,调整用人单位和劳动者之间、政府与用人单位之间、政府和劳动者之间为实现和保障社会劳动过程而产生的权利义务关系的法律规范的总和。《中华人民共和国宪法》(以下简称《宪法》)规定,我国公民有劳动的权利和义务。《劳动法》确认劳动者在社会劳动过程中的权利义务关系。我国公民既有劳动的权利,同时又有劳动的义务。公民的劳动权利主要包括以下几个方面。

1. 平等就业的权利

平等就业的权利主要有三层含义:①任何公民都有平等就业的权利和资格,不因民族、种族、性别、年龄、文化、宗教信仰、经济能力而受到限制;②任何人都需要平等地参与竞争职位,不得对任何人予以歧视;③平等不等于同等,平等是对于符合职位条件的人,而不是不论何种条件都同等对待。

2. 选择职业的权利

劳动者选择职业的权利是指劳动者根据自己的意愿选择适合自己的职业。《劳动合同法》明确规定,订立劳动合同,应当遵循合法、公平、平等自愿、协商一致、诚实信用的原则。任何单位和个人都不能强迫劳动者签订违背自己意志的劳动合同。劳动者拥有自由选择职业的权利,有利于劳动者充分发挥个人的特长,促进社会生产力的发展。

3. 取得劳动报酬的权利

《宪法》不仅规定公民有劳动的权利,而且给予劳动者的劳动权利得以现实的物质和法律保障。《劳动合同法》第三十条明确规定,用人单位应当按照劳动合同约定和国家规定,向劳动者及时足额支付劳动报酬。用人单位拖欠或者未足额支付劳动报酬的,劳动者可以依法向当地人民法院申请支付令,人民法院应当依法发出支付令。

4. 享有休息休假的权利

《宪法》规定,劳动者有休息的权利。国家发展劳动者休息和休养的设施,规定职工的工作时间和休假制度。《劳动合同法》第三十一条规定,用人单位应当严格执行劳动定额标准,不得强迫或者变相强迫劳动者加班。用人单位安排加班的,应当按照国家有关规定向劳动者支付加班费。

5. 获得劳动安全卫生保护的权利

劳动安全卫生保护是保护劳动者的生命安全和身体健康,是对享受劳动权利的主体切身利益最直接的保护。《劳动合同法》第三十二条规定,劳动者拒绝用人单位管理人员违章指挥、强令冒险作业的,不视为违反劳动合同。劳动者对危害生命安全和身体健康的劳动条件,有权对用人单位提出批评、检举和控告。

6. 接受职业技能培训的权利

职业技能培训是指对准备就业的人员和已经就业的职工,以培养或提高基本职业技能为目的而进行的技术业务知识和实际操作技能教育和训练。

7. 享受社会保险和福利的权利

社会保险是国家和用人单位依照法律规定或合同约定,对具有劳动关系的劳动者在暂时或永久丧失劳动能力及暂时失业时,为保证其基本生活需要,给予物质帮助的一种社会保障制度。

8. 提请劳动争议处理的权利

劳动关系当事人作为劳动关系的主体,各自存在不同的利益,双方不可避免地会产生分歧。用人单位与劳动者发生劳动争议,劳动者可以依法申请调解、仲裁,提起诉讼。

(二)劳动者的主要义务

权利和义务是统一的,劳动者在行使法定权利的同时,也应履行法定义务。

1. 诚信义务

在签订劳动合同时,劳动者有义务就其与劳动合同直接相关的基本情况,向用人单位如实说明。

2. 守法义务

《劳动合同法》是规范劳动合同双方当事人行为的法律。劳动者作为劳动合同的一方,应当遵守法律的规定和双方的约定。劳动者有违法或者违约行为的,应当依法承担法律责任。

3. 完成劳动任务的义务

这是劳动关系范围内的法定义务,同时也是强制性义务。劳动者不能完成劳动义务的,就意味着劳动者违反劳动合同的约定,用人单位可以解除劳动合同。

4. 劳动者的其他义务

劳动者的其他义务包括劳动者应提高职业技能、执行劳动安全卫生规程、遵守劳动纪律和职业道德的义务。

二、劳动合同的内容

（一）劳动合同的概念和种类

2007年6月29日第十届全国人民代表大会常务委员会第二十八次会议通过,2008年1月1日起施行的《劳动合同法》明确规定了劳动合同的订立、履行和变更、解除和终止、监督检查、法律责任等。2012年12月28日第十一届全国人民代表大会常务委员会第三十次会议通过《关于修改〈中华人民共和国劳动合同法〉的规定》,自2013年7月1日起施行。它是调整劳动合同双方当事人权利和义务关系的基本法律。2008年9月18日国务院公布施行的《劳动合同法实施条例》是《劳动合同法》的配套法规。

1.劳动合同的概念

劳动合同是劳动者和用人单位(企业、事业、机关、团体等)之间关于确立、变更和终止劳动权利和义务关系的协议。

2.劳动合同的种类

《劳动合同法》规定,劳动合同分为固定期限劳动合同、无固定期限劳动合同和以完成一定工作任务为期限的劳动合同。

①固定期限劳动合同,是指用人单位与劳动者约定合同终止时间的劳动合同。用人单位与劳动者协商一致,可以订立固定期限劳动合同。

②无固定期限劳动合同,是指用人单位与劳动者约定无确定终止时间的劳动合同。用人单位与劳动者协商一致,可以订立无固定期限劳动合同。有下列情形之一,劳动者提出或者同意续订、订立劳动合同的,除劳动者提出订立固定期限劳动合同外,应当订立无固定期限劳动合同:

- 劳动者在该用人单位连续工作满十年的;
- 用人单位初次实行劳动合同制度或者国有企业改制重新订立劳动合同时,劳动者在该用人单位连续工作满十年且距法定退休年龄不足十年的;
- 连续订立二次固定期限劳动合同,且劳动者没有本法第三十九条和第四十条第一项、第二项规定的情形,续订劳动合同的。

用人单位自用工之日起满一年不与劳动者订立书面劳动合同的,视为用人单位与劳动者已订立无固定期限劳动合同。

③以完成一定工作任务为期限的劳动合同,是指用人单位与劳动者约定以某项工作的完成为合同期限的劳动合同。用人单位与劳动者协商一致,可以订立以完成一定工作任务为期限的劳动合同。

（二）劳动合同的条款

劳动合同的条款是指劳动者与用人单位双方通过平等协商所确立的双方各自的权利和义务具体内容的条款。劳动合同的条款可分为法定必备条款和约定必备条款。

1. 法定必备条款

《劳动合同法》第十七条规定，劳动合同应当具备以下条款：用人单位的名称、住所和法定代表人或者主要负责人；劳动者的姓名、住址和居民身份证或者其他有效身份证件号码；劳动合同期限；工作内容和工作地点；工作时间和休息休假；劳动报酬；社会保险；劳动保护、劳动条件和职业危害防护；法律、法规规定应当纳入劳动合同的其他事项。

2. 约定必备条款

《劳动合同法》第十七条还规定，劳动合同除必备条款外，用人单位与劳动者可以约定试用期、培训、保守秘密、补充保险和福利待遇等其他事项。

（三）订立劳动合同的原则

1. 平等自愿原则

劳动合同双方当事人订立合同的法律地位平等，意思表示真实。不允许采取欺诈、胁迫等手段把自己的意愿强加于对方。

2. 协商一致原则

劳动合同双方当事人应进行充分的协商，在双方意思表示一致的基础上签订劳动合同。

3. 公平原则

劳动合同内容的确定应当遵循公平原则，合同主体应本着公平原则订立劳动合同，实施民事法律行为，司法机关应根据公平原则处理劳动合同纠纷。

4. 诚实信用原则

诚实信用是指双方当事人应诚实，讲信用。要求当事人在订立劳动合同的活动中应尊重他人利益，以诚实、善意的态度行使权利和履行义务。

5. 合法原则

订立劳动合同应当遵循合法原则，其基本要求如下：
①目的合法。当事人不得以合法形式掩盖非法目的。
②主体合法。即双方当事人必须具备法律规定的主体资格。
③内容合法。双方当事人在劳动合同中约定的权利、义务应当符合国家法律的规定。
④形式合法。指劳动合同必须以法律、法规规定的形式签订。
⑤程序合法。指劳动合同的订立，必须按照法律、行政法规所规定的步骤和方式进行，一般要经过约定和承诺两个步骤，具体方式是先起草劳动合同书草案，然后由双方当事人平等协商，协商一致后签约。

（四）订立劳动合同的程序

1. 提出签订劳动合同的建议

在签订劳动合同前，劳动者或用人单位提出订立劳动合同的建议，一般由用人单位提出并草拟劳动合同草案,称为要约。接受提议是指另一方接受建议并表示完全同意,称为承诺。

2. 双方协商

双方当事人对已提出的劳动合同建议进行认真磋商,充分讨论。用人单位应向劳动者如实告之本单位的真实情况,以使劳动者能够对用人单位提出的劳动合同草案充分表达自己的意见。

3. 双方签约

双方当事人意思表示一致后,用人单位的法定代表人和劳动者在合同书上签字、盖章,并注明日期。如果用人单位法定代表人不能亲自参加,应以书面形式委托有关人员代理。劳动合同经双方当事人签字、盖章生效,并报送劳动鉴定机关办理鉴定手续。

(五)无效劳动合同

劳动者与用人单位订立违反劳动法律的合同为无效劳动合同。根据《劳动合同法》第二十六条规定,下列劳动合同无效或者部分无效。

①以欺诈、胁迫的手段或者乘人之危,使对方在违背真实意思的情况下订立或者变更劳动合同。欺诈是指当事人一方故意捏造、歪曲事实,掩盖其非法目的,使另一方当事人误认为是事实而造成人身伤害或财产损失;胁迫是指当事人一方迫使对方屈服其压力,作出违反自己真实意思表示而签订合同。

②用人单位免除自己的法定责任、排除劳动者权利的劳动合同。

③违反法律、行政法规强制性规定的劳动合同。

对劳动合同的无效或者部分无效有争议的,由劳动争议仲裁机构或者人民法院确认。劳动合同部分无效,不影响其他部分效力的,其他部分仍然有效。劳动合同被确认无效而劳动者已付出劳动的,用人单位应当向劳动者支付劳动报酬。劳动报酬的数额,参照本单位相同或者相近岗位劳动者的劳动报酬确定。

(六)劳动合同的形式

订立书面劳动合同是签订劳动合同的法定形式。

《劳动合同法》第十条规定,建立劳动关系,应当订立书面劳动合同。已建立劳动关系,未同时订立书面劳动合同的,应当自用工之日起一个月内订立书面劳动合同。

《劳动合同法实施条例》规定,自用工之日起一个月内,经用人单位书面通知后,劳动者不与用人单位订立书面劳动合同的,用人单位应当书面通知劳动者终止劳动关系,无须向劳动者支付经济补偿,但是应当依法向劳动者支付其实际工作时间的劳动报酬。用人单位从用工之日起超过一个月不满一年未与劳动者订立书面劳动合同的,应当依照《劳动合同法》规定向劳动者每月支付两倍的工资,并与劳动者补订书面劳动合同;劳动者不与用人单位订立书面劳动合同的,用人单位应当书面通知劳动者终止劳动关系,并依照劳动合同法规定支付经济补偿。

(七)劳动合同变更、解除和终止

劳动合同签订后,用人单位与劳动者应当按照劳动合同的约定,全面履行各自的义务,任何一方不得任意变更、解除或终止劳动合同。

1. 劳动合同的变更

劳动合同依法订立后,即具有法律约束力,双方当事人必须履行合同义务,任何一方当事人不得擅自变更劳动合同的内容。在合同订立后或者履行过程中,由于客观条件的变化,可以变更劳动合同。《劳动合同法》第三十五条规定,用人单位与劳动者协商一致,可以变更劳动合同约定的内容。变更劳动合同,应当采用书面形式。

2. 劳动合同的解除

劳动合同的解除分为法定解除与协议解除、双方解除与单方解除。

《劳动合同法》第三十六条规定,用人单位与劳动者协商一致,可以解除劳动合同。

(1)劳动者解除劳动合同

《劳动合同法》及《劳动合同法实施条例》规定,劳动者解除劳动合同的情形有:①劳动者提前三十日以书面形式通知用人单位,可以解除劳动合同;②劳动者在试用期内提前三日通知用人单位,可以解除劳动合同;③用人单位未按照劳动合同约定提供劳动保护或者劳动条件的;④用人单位未及时足额支付劳动报酬的;⑤用人单位未依法为劳动者缴纳社会保险费的;⑥用人单位的规章制度违反法律、法规的规定,损害劳动者权益的;⑦用人单位以欺诈、胁迫的手段或者乘人之危,使劳动者在违背真实意思的情况下订立或者变更劳动合同的;⑧用人单位在劳动合同中免除自己的法定责任、排除劳动者权利的;⑨用人单位违反法律、行政法规强制性规定的;⑩用人单位以暴力、威胁或者非法限制人身自由的手段强迫劳动者劳动的,或者用人单位违章指挥、强令冒险作业危及劳动者人身安全的,劳动者可以立即解除劳动合同,不需事先告知用人单位。

(2)用人单位解除劳动合同

《劳动合同法》及《劳动合同法实施条例》规定,用人单位可以解除劳动合同的情形有:①劳动者在试用期间被证明不符合录用条件的;②劳动者严重违反用人单位的规章制度的;③劳动者严重失职,营私舞弊,给用人单位造成重大损害的;④劳动者同时与其他用人单位建立劳动关系,对完成本单位的工作任务造成严重影响,或者经用人单位提出,拒不改正的;⑤劳动者以欺诈、胁迫的手段或者乘人之危,使用人单位在违背真实意思的情况下订立或者变更劳动合同的;⑥劳动者被依法追究刑事责任的;⑦劳动者患病或者非因工负伤,在规定的医疗期满后不能从事原工作,也不能从事由用人单位另行安排的工作的;⑧劳动者不能胜任工作,经过培训或者调整工作岗位,仍不能胜任工作的;⑨劳动合同订立时所依据的客观情况发生重大变化,致使劳动合同无法履行,经用人单位与劳动者协商,未能就变更劳动合同内容达成协议的;⑩用人单位依照企业破产法规定进行重整的;⑪用人单位生产经营发生严重困难的;⑫企业转产、重大技术革新或者经营方式调整,经变更劳动合同后,仍需裁减人员的。用人单位单方解除劳动合同,应当事先将理由通知工会。用人单位违反法律、行政法规规定或者劳动合同约定的,工会有权要求用人单位纠正。用人单位应当研究工会的意见,并将处理结果书面通知工会。

(3)用人单位应提前通知劳动者解除劳动合同的情况

《劳动合同法》第四十条规定,有下列情形之一的,用人单位提前三十日以书面形式通知劳动者本人或者额外支付劳动者一个月工资后,可以解除劳动合同:①劳动者患病或者非因工负伤,在规定的医疗期满后不能从事原工作,也不能从事由用人单位另行安排的工作的;②劳动者不能胜任工作,经过培训或者调整工作岗位,仍不能胜任工作的;③劳动合同订立时所依据的客观情况发生重大变化,致使劳动合同无法履行,经用人单位与劳动者协商,未能就变更劳动合同内容达成协议的;④由于经济性裁减人员,用人单位按照法定程序与被裁减人员解除劳动合同。

(4)用人单位不得解除劳动合同的情形

《劳动合同法》第四十二条规定,劳动者有下列情形之一的,用人单位不得解除劳动合同:①从事接触职业病危害作业的劳动者未进行离岗前职业健康检查,或者疑似职业病病人在诊断或者医学观察期间的;②在本单位患职业病或者因工负伤并被确认丧失或者部分丧失劳动能力的;③患病或者非因工负伤,在规定的医疗期内的;④女职工在孕期、产期、哺乳期的;⑤在本单位连续工作满十五年,且距法定退休年龄不足五年的;⑥法律、行政法规规定的其他情形。

3.劳动合同的终止

劳动合同期满或者当事人约定的劳动合同终止条件出现,劳动合同即行终止。依据《劳动合同法》第四十四条规定,劳动合同终止的情形有:①劳动合同期满的;②劳动者开始依法享受基本养老保险待遇的;③劳动者死亡,或者被人民法院宣告死亡或者宣告失踪的;④用人单位被依法宣告破产的;⑤用人单位被吊销营业执照、责令关闭、撤销或者用人单位决定提前解散的;⑥法律、行政法规规定的其他情形。

【案例阅读】

案例1 符合法律规定的服务期限应依法保护

2004年9月,小王毕业后与一家外资公司签订了为期3年的劳动合同。为了提高小王的工作技能,2005年9月,该公司把小王送到日本进行了3个月的专门培训,并与小王签订了培训协议。协议约定,在接受培训后,小王必须再为公司工作4年,在这4年里小王如果要离开该公司,必须赔偿该公司培训费用4万元。但是,公司与小王并没有重新修改劳动合同的期限。2007年9月,小王与该公司签订的劳动合同到期,小王提出双方终止劳动合同,而该公司却认为双方签订了培训协议,小王的服务期还未满,小王应继续在该公司工作。如果小王一定要离开该公司,就应该按照培训协议的约定赔偿该公司培训费用4万元。小王认为自己与公司的劳动合同期限已届满,合同当然应该自然终止,不知道自己是否要依据培训协议承担赔偿责任,若要承担,应承担多大的赔偿责任?

本案涉及区分劳动合同期限与服务期限的问题。劳动合同期限是指劳动合同效力所及的时间长度，即劳动合同的有效期限。对劳动者而言，就是其为单位工作的期限；对单位而言，就是其提供劳动岗位和报酬的期限。服务期限是劳动者与用人单位约定在用人单位专门出资，为劳动者提供专项培训费用，对其进行专业技术培训的情况下，劳动者必须为用人单位提供服务的期限。服务期可以长于劳动合同期限，只要是双方的真实意思表示并通过协议固定下来，则对双方具有约束力。作为用人单位提供专项培训费用对劳动者进行专业技术培训的协议，服务期是劳动者应履行的一项义务。因此，如果用人单位要求劳动者继续履行服务期的，劳动者应当履行，否则即为违约。当然，法律也赋予了劳动者享有辞职的权利，因此，即使在劳动合同到期、服务期未满，用人单位要求继续履行劳动合同，劳动者也可以辞职，但是辞职的劳动者应按服务期协议的规定给予用人单位赔偿。

《劳动合同法》第二十二条规定，用人单位为劳动者提供专项培训费用，对其进行专业技术培训的，可以与该劳动者订立协议，约定服务期。劳动者违反服务期约定的，应当按照约定向用人单位支付违约金。违约金的数额不得超过用人单位提供的培训费用。用人单位要求劳动者支付的违约金不得超过服务期尚未履行部分所应分摊的培训费用。据此，本案中的小王与该外资公司签订的培训协议是合法有效的，小王在劳动合同期而服务期未满时要求终止劳动合同，是违反培训协议的，应按约定承担违约责任。如果单位给小王出资的培训费是4万元，因为小王接受培训后已为该外资公司服务两年，尚未提供服务的期限还有两年，那么，小王应支付服务期尚未履行部分所应分摊的培训费用，即支付的违约金不得超过2万元。

案例2　用人单位不得收取押金变相克扣工资

2012年10月，张某等人被某股份有限公司聘为保安，负责公司的安全保卫工作。当事人双方口头约定，张某等人的月工资为1 200～1 500元。自用工以来，当事人双方并没有签订书面劳动合同，而且用工单位在用工期间，以保安服装担保金为名，从张某等人的工资中每人扣除500元押金。2014年4月，双方解除劳动关系后，某股份有限公司一直未将保安服装押金退还张某等人，为此，当事人之间就有关工资支付和保安服装押金问题产生了争议。2014年4月1日，张某等人向当地劳动争议仲裁机构申请劳动争议仲裁，要求用人单位依法支付其2014年2月1日至2014年3月31日两个月的两倍工资，并返还服装押金。

本案中用人单位下列行为违法：

● 在用工期间，以保安服装担保金为名，从张某等人的工资中每人扣除500元押金的行为不合法，根据《劳动合同法》第九条的规定，用人单位招用劳动者，不得扣押劳动者的居民身份证和其他证件，不得要求劳动者提供担保或者以其他名义向劳动者收取财物。

● 自用工以来，当事人双方没有签订书面劳动合同是不合法的，根据《劳动合同法》第七条的规定，用人单位自用工之日起即与劳动者建立劳动关系。第十条规定，建立劳动关系，应当订立书面劳动合同。已建立劳动关系，未同时订立书面劳动合同的，应当自用工之日起一个月内订立书面劳动合同。

● 关于张某等人要求某股份有限公司依法支付其 2014 年 2 月 1 日至 2014 年 3 月 31 日两个月的两倍工资，并返还押金是否合法的问题。如果张某等人在 2014 年 2 月 1 日至 2014 年 3 月 31 日工作而单位又没有支付工资的话，属于克扣工资行为，依据《劳动合同法》第八十五条的规定，由劳动行政部门责令限期支付劳动报酬；逾期不支付的，责令用人单位按应付金额百分之五十以上百分之一百以下的标准向劳动者加付赔偿金。如果劳动行政部门责令限期支付，而单位按照劳动行政部门责令的限期支付没有逾期的，则不用加付赔偿金。

第七章　大学生创业指导

在李克强总理提出的"大众创业，万众创新"的倡导下，大学生创新创业已成为时代鲜明的特征和大学生实现自我价值的必然选择。为了鼓励和支持大学生创业，我国陆续出台了一系列扶植大学生创业的政策法规，使得大学生创业环境不断改善，涌现了一大批成功的大学生创业者，并引发越来越多的大学生走向创业之路。然而，随着社会的不断变化，市场纷繁复杂，大学生自身缺乏经验，需要在创新创业的理念和具体实务上给予指导。

【案例导入】

风靡全国，中国最成功的桌游《三国杀》，其创始人黄恺正是一位标准的大学生创业者。黄恺 2004 年考上中国传媒大学动画学院游戏设计专业，他在大学时期就开始"不务正业"，模仿国外桌游设计出了具有中国特色，符合国人娱乐风格的桌游《三国杀》。2006 年 10 月，大二的黄恺开始在淘宝网上贩卖《三国杀》，没想到大受欢迎，而毕业后的黄恺并没有任何找工作的打算，而是借了 5 万元注册了一家公司，开始做起《三国杀》的生意，2009 年 6 月底《三国杀》成为中国被移植至网游平台的一款桌上游戏，2010 年《三国杀》正版桌游售出 200 多万套。

粗略估计，《三国杀》迄今至少给黄恺带来了几千万的收益，并且随着《三国杀》品牌的发展，收益还将会继续增加。

第一节　创业方向的选择

对于大多数人而言，创业是一件极具诱惑的事情，同时也是一件极具挑战的事。创业不是人人都能成功，也并非想象中那么困难。任何一个梦想成功的人，倘若他知道创业需要策划、技术及创意，那么成功已离他不远了。

一、建立创业梦想

大学生完成学业并就业后，如果是在已有的岗位上施展自己的才华，以求生存和发展，工作中通常只需要考虑如何履行好本岗位的职责，而不需要考虑企业人、财、物的管理，除非你通过努力达到了一定职位。而创业则完全从零开始，从设立企业的可行性研究分析到筹备、运作，都必须按照自己的意志和实际能力去设计和把握事业发展的进程。这就需要创业者有远见卓识、超人的智慧及挑战风险的勇气，并能把握自己的实际资本。此外，还需要创业者不断了解市场的竞争态势，及时调整对策，力求将风险转化为机遇。

为了获取经验，大学毕业生应该树立起"先就业，后择业，再创业"的新意识，走一条面对现实，降低起点，先融入社会再寻求发展的道路。"先就业，后择业，再创业"就是指大学生毕业时，只要有条件基本合适的单位接纳，就应该采取先工作的方式，实现就业。工作一段时间后，如果认为工作不合适，可以重新选择就业。有了一段就业和择业的工作经历，自己各方面的能力都有所提高，当主客观条件都具备后，可以考虑走创业这条路。

(一)进入欲创业的行业了解现状

当你确立了创业志向后，不一定能立即实现，除了创造必需的条件外，还必须在思想上做好准备。

要有创业的坚定信念。一个人的信念具有不可思议的力量。缺乏坚定的信念可能会使人裹足不前。

要树立终身创业的意识。创业就是激励自己，开发自己最大的潜能，发现和挖掘通往成功的潜在时机。创业就是创造，创造新的就业岗位，创造新的成功机遇，创造新的富于挑战的人生。只有立志不断创造，才能提高创业成功的概率。

勇敢地走向市场，走向竞争。在瞬息万变的社会里，只有适者才能生存。因此，为了达到上述目的，必须一步一步地进行心理激励并重新认识自我。有了创业的志向，但主客观条件不具备时，可以先就业。即使从事的工作与创业的志向不一致，也必须为解决基本生活问题先稳定下来。当基本生活有了保障，并对现有工作不满意而再择业时，应进入欲创业的行业。目的是观察、了解和熟悉该行业。因为熟悉特定的行业是创业成功的基础。仔细观察各行各业，赚钱的关键只在"熟悉"二字。对一个行业熟悉到一定的程度，研究它的规律，具备比较成熟的业务关系和一定量的资金，就可以自己创业了。

由此可见，创业成功者的秘诀就是对行业的熟悉再加上勤奋和自信心。不要担心自己不如别人聪明能干，因为多数人的智商差别不大。许多工作、许多行业需要的是熟悉、熟悉、再熟悉，而不是天才。只有熟悉以后，才能总结出规律，找到成功的诀窍。

(二)在实践中修炼自我,选择时机

对于欲创业的大学生而言，修炼自我的过程，单凭在学校中的学习是不能完成的，也很难有条件在自己的企业中完成，绝大多数人只能通过打工的方式在别人的企业中完成，这是

修炼的基本途径。

最好是在小公司、小企业中工作,这样你就可以将所需知识和各个经营运作的环节全面熟悉,而不会有盲点。熟悉之后要面临特定行业,全面分析,以研究自己的长处和不足,确定适合个人特点的做法。

欲创业的大学生具体应从哪些方面修炼自己,掌握创业的本领呢?

了解和熟悉企业产品的生产工艺、原材料购进渠道、产品的销售渠道。这是欲创业者应具备的基本常识,即明确生产什么、如何生产、原材料从何而来、产品又如何销售出去等问题。

了解该企业产品的特点、优势与劣势。不同的企业生产的同类产品,除具有共同的基本功能外,通常都有各自的特色。你应通过比较分析,博采众长,设计出更能满足消费者需要的产品,为创业做好产品准备。

了解企业的机构设置和管理方式。企业管理界有一句话:"管理无定式。"意即企业的管理没有固定的模式可循。因为不同行业、不同产品、不同的技术条件,甚至不同的地域和人文环境都会影响管理方式和组织机构的设置。所以,对未来企业的管理设想不能局限于理论或某一企业的模式上,应了解现有企业的管理现状,分析不足,总结经验,为欲创企业的管理做准备。

预测市场前景。在企业各部门工作可以有机会观察市场的需求变化,预测产品的市场前景。因为任何一种产品都有其生命周期,在产品成长期进入该行业风险最小。了解和掌握这些规律,能为成功创业打下良好的基础。

(三)发挥自己的知识优势和特长

随着知识经济时代的到来,人类社会将进入知识社会。知识创业是促进科学技术进步和高新技术产业化的决定性因素。经济的知识化和知识的资本化使创业行为发生在社会生活的各个角落,使创业成为更多知识工作者的最佳选择。在科学技术日新月异的今天,无论从创业行为实现的价值或是从实现这种价值的机会衡量,几乎都是无限的。由于计算机、通信等信息技术的发展,改变了人们对时间、空间、知识(智力)的理解,同时也改变了人们对需求、市场、管理、价值、财富等概念的基本认知。人类正在走向知识经济时代,这使得创业形式也呈现出多样化的趋势,一些新的创业形式纷纷出现,包括大公司创办的小公司、学生创办的公司、个人公司、为一个客户服务的公司等。大学毕业生作为知识工作者中的一分子,在创业过程中应充分发挥自己的知识优势。

(四)行动是成功的先导

有行动才可能有成功。行动说起来容易,做起来却很难。行动要克服懒惰,行动有可能遇到难以想象的困难和挑战。能行动也是一种能力,行动才是对你是否真正具备自信和勇气的严峻考验。

创业的开局方案是以可行性研究的结果为基础制订的创业实施计划。进行产品或项目的可行性研究是为了保证创业投资行为的正确性,对投资项目的必要性、可能性和经济效益所进行的认真分析就是在投资项目建立和选择的过程中由浅入深、由粗到细分步完成的。首先是机会研究,即创业者对投资的初步设想所进行的概括性分析,以便确定投资的必要性和可能性。其次是初步可行性研究,它是在有了项目概貌的基础上,对关键性的问题进行专题研究,如市场的需求问题等。最后是详细进行可行性研究,它是在认真调查、掌握足够信息资料的基础上,对项目进行系统分析,其结果应是诞生一个或几个较优的方案。创业者通过对不同方案利弊的比较,进行选择。

二、谨慎选择、注重开局

(一)谨慎选择行业

特长是一个人最熟悉、最擅长的某种技艺,它最容易表现一个人在某一方面的能力和才华。事实证明,能够发挥自己的最大特长的事业是最容易取得成功的事业。因此,当选择了能够发挥自己的最大特长的事业时,实际上就意味着已经在创业的道路上步入成功的开端。那么,如何将特长作为创业时选择行业的依据呢?

1.搞清楚自己有哪些特长

无论自己的特长是不是自己的爱好,都要清清楚楚地了解它们。有些人可能说,我什么特长也没有。其实这些人并不是真正了解自己,因为不管是什么人,他都有一定的特长,只要认真地去发现和挖掘,就会发现自己的特长。例如,善于唱歌、善于写作、善于用人等。不要小看这些特长,它们有时会使你获得意想不到的收获。所以,在走向创业之路之前,首先要尽可能诚实并客观地回答这样一个简单的问题:我究竟有哪方面的特长?我的这些特长能作为我创业时选择行业的依据吗?了解自己的特长,并确定这些特长是否就是你的爱好,这样才能很从容地对自己将要从事的行业作出选择。

2.选择特长中的特长

一个人往往具有许多方面的特长。例如,喜欢写作或擅长进行商业咨询或生物学研究等。在选择创业行业之初,往往觉得眼花缭乱,可能将自己所有的特长都在心中设计成创业的各种方案,但要在多个方案中作出优化选择似乎并不十分容易。其实,选择方案的过程就是对自己的选择过程,即在许多方面的特长中,选择自己特长中的特长。这样就能尽快把自己的最大特长转化为创业行为,并在创业致富的道路上不断走下去。什么是特长中的特长?就是最能体现自己创造力的特长,它不仅包括自己所熟悉的某种手艺或某一方面的知识,还包含自己的兴趣。如果在选择创业时,将自己最感兴趣的、能够体现自己创造力的特长作为首要的选择目标,那么,创业就不会轻易地失败。

如何选择创业行业并没有统一不变的模式。不同的人,所处的社会环境不同,选择创业行业的标准也不同。创业行业的选择,不仅是一个理论问题,更是一个实践问题。当然,创业行业的选择还有许多应该考虑的因素。例如,社会风尚、国家关于创业的有关法律条文和个人的投资能力、资金状况等。

（二）精心制订开局方案

创业开头难,开个好头更难。开头顺利会增强创业者的自信心,使他们继续干下去,随着经验的日趋丰富,实力的日益雄厚,事业越干越大,做起生意来就会更顺利、更容易。如果开头就出师不利,很容易对创业丧失信心。其实,对开头能否干好过分担忧、过于恐惧也是不必要的。

1. 头三脚不好踢,是正常的

经过一次又一次的失败,逐渐掌握了事物运动的规律,成功的概率大了,失败的概率就小了。什么事都是由不知到知,由知之不多到知之甚多,这个过程就是不断失败,而后取得成功的过程。创业者要先有心理准备:宁愿多考虑失败了怎么办,而不要把开局设想得过于美妙,这样,即使开头不顺利,也不会就此一蹶不振,而会振奋精神,总结经验,接受教训,由不会做生意到会做生意,由赔钱到赚钱。

2. 经济活动是有规律可循的

只要认真地研究与观察,经济活动的规律是可以被认识的。按照规律办事,一开始就可能会取得成功,即使不成功,也不会败得很惨。在创业初期受挫折的例子固然有,但是,一开始就旗开得胜的先例也不是没有,事在人为。

三、找准创业的着眼点

大学生创业有优势,也有局限性。大学生思维活跃、充满活力,喜欢接受新鲜事物,学校的学习使大学生具备了一定的专业知识,但由于没有进入社会,商业意识、社会经验及企业管理、财务及营销等方面的知识都比较欠缺。因此,大学生在创业方向的选择上应扬长避短,寻找适合自己发展的道路。

（一）做自己感兴趣的事

成功创业必须要有创业的热情,选择创业的领域可以从自己熟悉的领域入手,做你所爱的,爱你所做的。当做自己喜欢做的事情时,人们会投入极大的热情,也容易取得成功。同时,要尽量做自己熟悉的事情。俗话说:"做生不如做熟。"创业要尽量选择自己熟悉的事情来做,特别是在创业初期,能否做下去,在很大程度上取决于创业者对这个项目的熟悉程度。隔行如隔山,要扬己之长避己所短。每个行业都有其自身的经营之道,如果创业涉及自己并不熟悉的领域,一定要慎之又慎,不能盲目从事。我国古代著名的军事家孙子说过:"知己知彼,百战不殆。"对于创业者而言,"知彼"是了解整个职场的情况,"知己"则是盘点好自己的知识、兴趣等,换言之,就是要在摸清自己的职业兴趣类型归属的基础上,合理选择好创业目标。

（二）做自己擅长的领域

作为大学生,可以根据自己的兴趣爱好结合专业,在自己擅长的领域进行尝试,创业的领域大致有以下几个方面：

1. 高科技领域

身处高新科技前沿阵地的大学生，在这一领域创业有着近水楼台先得月的优势，"网易""腾讯"等大学生创办企业的成功，就是得益于创业者的技术优势。但并非所有的大学生都适合在高科技领域创业，一般来说，技术功底深厚、学科成绩出类拔萃的大学生才有成功的希望。有意在这一领域创业的大学生，可积极参加各类创业大赛，获得脱颖而出的机会，以期吸引风险投资。

大学生思维敏捷，年轻有活力，能跟上网络发展的步伐，容易发现互联网的商机，具备互联网创业的优势。另外，大学生多元化的个性比较适合互联网企业扁平化、相对自由的管理模式。比如网络服务、游戏开发等。

2. 智力服务领域

智力服务包括家教服务和设计。在智力服务领域创业，大学生游刃有余，智力是大学生创业最先掌握的资本。例如，家教领域就非常适合大学生创业，特别是师范专业的大学生。一方面，家教是大学生勤工俭学的传统渠道，积累了丰富的经验；另一方面，大学生能够充分利用高校教育资源，更容易掘到"第一桶金"。智力服务成本低、见效快，确实是个很好创业的方向。比如家教、家教中介、设计工作室、翻译工作室等。

3. 连锁加盟领域

据调查，在相同的经营领域中，个人创业的成功率低于20%，而加盟创业的成功率则高达80%。对创业资源十分有限的大学生来说，借助连锁加盟的品牌、技术、营销、设备优势，能够以较少的投资、较低的门槛实现自主创业。但连锁加盟并非"零风险"，在市场鱼龙混杂的现状下，大学生涉世不深，在选择加盟项目时更应注意规避风险。一般来说，大学生创业者资金实力较弱，适合选择启动资金不多、人手配备要求不高的加盟项目，从小本经营开始为宜。此外，最好选择运营时间在5年以上、拥有10家以上加盟店的成熟品牌。比如快餐业、家政服务、校园小型超市、数码快印站等。

4. 商铺经营

大学生经营商铺，一方面可充分利用高校的学生顾客资源；另一方面，熟悉同龄人的消费习惯。正因为走的是"学生路线"，才要靠价廉物美来吸引顾客。此外，由于大学生资金有限，不可能选择热闹地段的店面，因此推广工作尤为重要，需要经常在校园里张贴广告或与社团联办活动，才能广为人知。比如高校内部或周边地区的餐厅、咖啡屋、美发屋、文具店、书店、洗衣店等。

5. 农村创业

很多人可能觉得大学生不适合到农村发展，其实事情并没有那么绝对。在我国农村还有大量的商机没有开发出来，大量的地方特产没有商品化。大学生凭借自己所学的知识，脚踏实地深入农村，特别是回到家乡，定能发现农村创业的巨大商机。当然，大学生到农村去必然要克服一系列困难。来自农村的大学生可能相对来说更适合到农村创业，如农产品加工、科技养殖等。

如何能抓住创业的契机,并且能够根据自己的具体条件创业,是创业成功的前提。

【案例阅读】

　　小季,女,中南大学艺术设计专业 2011 级学生,开设一家画室,从事美术类高考考生的考前培训。

　　小季在创业之前有着非常丰富的勤工俭学经历,曾先后代理过手机卡的销售、米高轮滑鞋的销售,代理福森造林有限公司的市场拓展业务,自制圣诞礼物出售,还在超市等地方打工。在经历了一系列的兼职后,进入大二学习的小季开始了自己的第一次创业:她投资了 10 000 多元和别人合伙开了一家奶茶店。当时的创业初衷是想为家里谋一些福利,可由于对合伙人的了解不足,在经营中产生了矛盾,不久奶茶店的经营以失败告终,不但没有盈利,个人还亏损了 4 000 多元。第一次创业的失败对小季的打击很大,她身心交瘁,病了一个多月。经过一段时间的调整,她以一种不甘心失败的心态,和同学一起投资办起了一个工作室,主要进行广告板和封面的设计,开始了第二次创业。工作室经营一段时间之后,收回了成本,并且能解决自己的生活费,但最终因工作室的业务与自己的学习产生冲突而放弃经营。在有了两次创业的经验和教训的基础上,小季投资 2 000 多元,办起了一家画室。因为小季本人对美术很感兴趣,而且具有通过美术考试升学的亲身体会和成功经验,画室的经营目前较为顺利,并有一定的盈利。

　　【分析】小季的案例告诉我们,创业不是一件很难的事。只要你具备了一定的素质,并且善于观察,敢于实践,机会就在我们身边。大学毕业生,尤其是应届大学毕业生在创业的道路上不能一时兴起,也不能单凭一腔热情,而应该早做打算,从长计议。大学生创业单纯依靠优惠政策或措施是难以解决问题的,必须从自身入手,在学习阶段就了解创业、接触创业、学习创业、体验创业。

第二节　创业项目的实施

　　大学生如何选择创业项目,是一个重要的环节,选择项目的好坏,是决定创业是否成功的关键。

一、发现商机

在市场调查中,从平凡细微之处发现商机。

(一)市场环境调查

市场环境调查是指在比较大的范围和比较长的时间内,对企业经营活动发生影响的宏观因素所进行的调查。进行市场调查的目的是发现市场可以进行创业的机会,以及可能存在的威胁,避免走弯路。

(二)人口环境调查

人口环境调查是环境调查中比较重要的内容。在一些市场经济发达的国家,市场所在地的人口环境调查被认为是市场调查的首要因素。人口环境调查的主要内容包括人口数量调查、人口构成调查、人口流动和迁移调查、家庭生命周期调查、家庭结构变化调查等。创业者可以通过对人口环境的调查,进行市场细分,寻求创业机会。

(三)经济环境调查

经济环境是指国家和地区的经济发展速度、消费信贷政策、居民的经济收入和储蓄习惯、消费构成等环境因素。其中,居民的经济收入是构成市场容量的第二因素,也是进行市场细分的主要标准之一。经济环境调查的具体内容包括国家和地区的经济状况调查,消费者情绪调查、购买能力调查,市场容量及相关状况调查,科技环境调查,行业环境及进、退调查。

二、创业项目分析

(一)以社会需求为导向,选择国家产业政策支持的新兴产业

社会是创业的大舞台,要想在社会大舞台上获得创业的一席之地,就必须急社会发展之所急,供社会发展之所求,使创业目标与社会需求保持一致。只有这样做,社会才能支持你的创业行为,认同你的创业成果。大学生要摒弃"职业有贵贱"的错误观念,也不能单纯以个人意愿出发,应以社会需求作为确立创业目标的首要依据,力争在社会发展的大舞台上有所作为。

(二)所选项目应与自身专业特长相一致

不同的行业因其性质、特点不同,对创业者的能力、素质、知识水平的要求也不同,而任何人都不是全才,精于此,往往疏于彼。因此,创业者在选择创业目标时,必须正确地认识自己的能力倾向及优势所在,力求与创业领域的具体要求相匹配。

(三)选择自己感兴趣的领域

兴趣是干好事情的动力之一。根据自己的兴趣确立创业目标更容易使自己的创业走向成功。当然,人的兴趣并不是绝对固定不变的。出于诸多原因,有时选定的创业目标与自己的兴趣不完全符合,在这种情况下,就应当尽量从与自己兴趣相近的领域中进行选择,并培养自己的职业兴趣。否则,完全拘泥于自己现有的兴趣,反而会作茧自缚而坐失创业良机。

三、寻找创业决策的切入点

(一)从见效快的项目做起

让创业投资尽快产生效益,这是创业者的共同心愿,但见效的快慢是相对的。专家们从六个方面提供了参考性意见:第一,小型比大型好。小型项目投资少,形成生产能力快,运作环节相对较简洁,一旦出现明显的行业风险,就会显现出优势。第二,轻工优于重工。从产品设计到产出的过程较短,投资风险较小,有望在较短时期内见效。第三,餐厅和食品优于一般用品。第四,做女人的生意比做男人的生意更能赚钱。第五,小孩比大人更容易形成新的市场消费热点。第六,"专"比"杂"好。

(二)从干小事、求小利做起

风险与收益是成正比的:一般而言,风险大,收益也大;风险小,收益也小。对于已经有了一定基础,有能力发展多项业务的公司,为了开拓发展空间,扩大盈利层面,有时大胆去冒一点风险,也是值得的。然而,对于刚刚涉足创业门槛的大学生来说,创业的资本还不雄厚,经验比较欠缺,应该避免参与风险大的投资,而将为数不多的资金投于规模较小,但风险也较小的事业中去,先求小利,而后,依靠滚动发展再赚大钱。不少企业家开始创业时搞的都是极不起眼的小本买卖,然而,稳扎稳打、步步为营,大事就在逐步发展中与你相约。

(三)关注借助学校品牌的项目

这类项目主要包括:各类教育与培训;成熟的技术转让;各种专业咨询;利用优势的服务项目,如家教服务中心、成人考试补习、会议礼仪服务、发明家俱乐部等。

创业凭一时的冲动是不能成功的,还要有创业的一系列准备才能起步。

[案例阅读]

北京长安俱乐部是中国财富英雄的俱乐部,30多岁的赵青松也是该俱乐部的成员。现在他拥有两家公司,个人财富近千万元,而当初他不过是一名普通教师。

师大毕业的赵青松被分配到北京的一所中学教物理,对于这样的生活他并不满意。两年后,他不顾家人和朋友的反对,毅然辞职准备利用5 000元积蓄创业。5 000元的本钱可以做什么项目?赵青松思索了整整一周,却一无所获。一天夜里,他沮丧极了,一怒之下把写字台的抽屉拽出来狠狠摔在地上,这时抽屉发出抽水马桶的声音。原来抽屉里甩出的冰箱贴被设计成马桶的样子,碰触后会发出抽水的声音。赵青松大受启发,凭着物理学功底连夜设计出工艺图。天一亮,他就出去找了一个小玩具厂,要求厂家按照图纸生产3 000个冰箱贴。这种冰箱贴进入市场后大受欢迎,赵青松赚得5万元。有了5万元的第一桶金,赵青松继续把握市场需求,研发新产品。两三年的时间,他成立了自己的商贸公司,盈利近3 000万元。

【分析】赵青松创业成功的原因,并不是靠一时的冲动,而是凭借他的专业和坚定的意志,抓住了机遇,敢于创新,最终取得成功。

第三节 大学生创业的基本流程

大学生创业并不存在固定不变的程序和步骤,如创业计划的拟订、创业项目的选定、企业取名和登记注册等,既可同时进行,也可先后排序。

一、创业的前期工作

选定项目之后,大学生创业者还需要做具体的创业准备工作。

(一)了解具体商品或服务的需求状况

1.需求总量调查

例如,某大学毕业生李丰打算在某小区内开一家水果店,需要先预算出顾客的需求水平。那么,他可以先统计出小区的人口总数,再调查出该小区人均消费在水果上的费用,将其乘以小区人数,即可预算出顾客的需求水平。

2.需求结构调查

需求结构调查主要是了解顾客购买力投向,根据居民收入水平进行分类,测算出每类居民购买力投向。

3.需求季节调查

需求季节调查主要是了解需求的季节性变化规律。

4.需求动机调查

需求动机调查主要是了解顾客购买产品时的购买动机,是求名心理、求新心理、求廉心理,还是求实心理等。

(二)了解具体商品或服务的竞争状况

需要了解的情况包括国内外及所在地段的竞争对手的数量、生产或经营状况、劳动效率、优势和弱点、竞争策略,以及潜在的竞争对手等。

(三)作好价格预测

在调查活动中,价格是需要考虑的重要因素之一。通过分析,测算出价格变动对拟投资项目总投资的影响程度,从而预先采取积极的应对措施,争取在剧烈的价格波动中始终占据主动地位。

（四）设定生产或经营的商品销路

要想掌握商品今后的销路,需要综合了解多方面的情况。除了所生产或经营商品本身的特点,包括商品设计、性能和用途、造型、包装、安全性、生命周期、新产品开发等要点,还要了解顾客构成、需求水平、竞争态势、购买心理和购买习惯等各项因素。

二、筹措资金

大学生创业的最大障碍是缺乏资金支持。事实上,创业资金可以通过多种渠道获得。

（一）亲友投资和个人积蓄

大学生创业者目前选择最多的融资渠道是亲友投资和个人积蓄。我国创业成功者中,不乏利用这两种方式获取创业启动资金的例子,如网易创办人丁磊的起步资金就是他本人的 50 万元积蓄。大学生创业者和其家庭承担全部资金投入,也必然承担巨大风险,这使许多大学生对创业望而却步。

（二）风险投资

据美国全美风险投资协会的定义,风险投资是由职业金融家投入新兴的、迅速发展的、具有巨大竞争潜力的企业的一种权益资本。

（三）银行贷款

小额(担保)贷款,是国家为解决有创业意愿、有创业技能的符合条件人员对创业资金的需求,由政府拨付专项资金提供担保和贴息,金融机构发放的从事个体经营自筹资金不足的贷款。2008 年,中国人民银行、财政部、人力资源和社会保障部联合下发《关于进一步改进小额担保贷款管理积极推动创业促就业的通知》(银发〔2008〕238 号),将高校毕业生列入发放小额贷款对象之一,各省也纷纷出台了相应的小额贷款政策。大学生可以关注和查询相关信息,或向相关部门进行咨询。

（四）政府科研/创业基金或优惠贷款

大学生可以通过众多社会渠道获取资金支持,其中较为便捷的方式是申请大学生创业基金。大学生创业基金种类繁杂,大多由政府机关与大企业联合建立,如 2009 年 6 月中国青少年发展基金会和全球著名的化妆品集团欧莱雅共同设立的"欧莱雅大学生就业创业基金",2010 年 5 月山东省委和山东联通共同设立的山东省大学生创业基金。此外有些高校和社会团体也成立了大学生创业基金,以帮助大学生创业者解决资金问题。申请大学生创业基金需要具备相应条件,需要大学生特别关注相关规定,深入了解大学生创业基金的申领方式。2008 年大学毕业生自主创业调查表明,仅有 1% 的资金来源于政府科研、创业基金或优惠贷款,表明大学生创业者对政府扶植与社会优待政策了解不够。

大学生创业还有一些其他的融资方式,如信托投资公司和典当行等非银行金融机构,这些金融机构都以融资方便、快捷而著称。合伙投资创业由于共同出资减少了风险,也广受大学生创业者欢迎。

三、拟订创业计划

一个缜密翔实的计划是良好的开端。一个完整的创业计划包括以下内容:

(一)整体概念陈述

创业计划包括创业点子的介绍、对获利潜能和可能风险的评估。

(二)产品与服务

产品与服务内容的描述应涵盖制造过程中的各项成本、名称或所需的包装,以及任何独特或极具竞争力的有利条件。另外,计划本身也要记录产品或服务的保证措施和要进入这一行业时可能会遭遇的阻碍。

(三)创业团队

创建一个企业需要做的事务非常多,创业团队的人员结构首先要合理。要有专司组织协调的人员、技术人员、财会人员、营销人员、生产组织人员等。在创业初期,即使没有办法集合到足够的专业人员,但所承担的业务也必须分摊到位。许多创业者不能选择合适的合作者,当产生分歧时,各持己见,不欢而散,致使创业失败。创业计划中必须体现团队精神或团队理念。

(四)商品、行业与市场

创业计划必须通过分析商品、行业和市场来制订营销策略、经营管理策略、风险控制等。

(五)工作进度表

拟订的创业计划中,应有一份执行进度表,其中包含详细的工作内容、执行时间。

四、注册登记

只有注册登记,才享有合法身份,才能不断发展壮大。注册登记包括以下内容:

(一)法人登记

法人登记主要程序如下:

1. 申请开办

申请开办就是取得有关主管部门的批准。申请公司开业时,应向这些部门提交开办公司的申请报告。申请报告应写明开办公司的宗旨、公司的名称及地址、负责人的姓名、公司的性质、生产经营范围、生产经营方式、公司资金总额、职工人数、筹建日期及其他需要写入的内容。

2.申请开业登记

在申请开办获得批准后,即可申请开业登记。

3.领取营业执照

这是登记审批程序的最后一个环节。公司自领取营业执照之日起即宣告成立,标志着公司取得了法人资格,同时也取得了公司名称专用权和生产经营权。

4.变更登记

如因企业生产经营需要或者其他原因需要变更登记事项时,就必须办理变更登记。合伙企业或责任有限公司在增加或减少合伙人和股东人数的时候,也应办理变更登记。如要变更登记的事项涉及营业执照上注明的内容,还应该换发营业执照。

(二)税务登记

税务登记是纳税人履行纳税义务向税务机关办理的必要的法律手续,是纳税人的一项基本法定义务,是税务机关依据税法的有关规定,对纳税单位和个人的生产经营活动进行登记管理的一项基本制度。纳税人办理税务登记按下列程序进行:一是申请办理税务登记;二是审核税务登记表,填发税务登记证;三是在领到税务登记证之后悬挂在营业场所,亮证经营;四是定期验证和换证。

(三)银行开户

企业在获得营业执照之后,应当选择当地一家银行或信用社开户。各银行在服务水平、效率等方面不尽相同,创业者在比较、调查之后,选择一家银行或信用社,开立账户。

五、调适创业中的四种关系

(一)与政府机关的关系

大学生创业者与政府相关部门打交道,必须讲究艺术,切忌死板。

1.摆正位置

企业和国家是一种依属与被依属的关系。大学生创业者要明确自己的位置,摆正与国家的关系,切忌"越位"。若考虑问题仅从自身利益角度出发,于己有利的事情毫无顾忌地去做,后果将不堪设想。

2.要求适中

政府许多政策、法令及法规都为企业的经营活动指明了大方向,但常常会有照顾不周的地方。如果此类细枝末节影响企业的合理利益,可以向政府提出,相信政府会予以有效解决。

3."维权"合理

当企业发展中的合理合法利益与政府的某些规定发生冲突时,大学生创业者要主动沟通,努力使政府接受意见。

(二)与金融界的关系

大学生创业者与金融界打交道时需要注意以下问题:

1.恪守信誉

信誉是金融界最看重的品质,一个恪守信誉的企业相对容易获得所需资金。因此,大学生创业者在向银行贷款时,一定要对自己的按期偿还能力及也许会出现的变化因素作充分估计,以便自己更好地做到"恪守信誉"。

2.加强沟通

得到金融界的贷款之后,应经常、及时地向金融界有关方面通报信息,定期汇报产业项目的进展情况、资金周转情况。

(三)与社区的关系

"远亲不如近邻。"很多大学生企业都建在社区,与周围邻里之间的人际关系,与社区内各种组织(如居委会、派出所等)的关系,既密切又微妙。大家应该有事相互关照、相互谅解,共建"天时、地利、人和"的文明社区。相反,如果大学生企业与社区的关系处理不好,就可能引发冲突或矛盾,影响企业的发展。

(四)与同行的关系

"同行是冤家。"企业一进入市场,就注定要与同行竞争。但是在日趋激烈的商业竞争中,只有与行业同仁交上朋友,进行合作,才能增强实力。

1.借助同行弥补自己的不足

在企业经营管理中,不时会遇到这种情况:好不容易联系到一宗很大的业务,客户却要求在某一期限内完成,而仅靠自己的企业是不可能完成的。此时,最好的办法就是借助同行的力量共同完成业务。

2.互通信息

一个行业中的各个企业应不断地加强彼此的信息交流,使企业现有资源得以最大限度地被利用。

3.可借鉴同行的经营管理经验

同行之间由于有着类似的业务,有效的管理经验可借鉴的成分相当大,也许同行的成功之道正是你的企业所必需的。同行之间相互借鉴还有一个很大的好处,那就是其生产原材料相近,很容易找出自己与别人的差距。

第四节 创业计划书

一、创业计划书的作用

创业计划书是创业者在初创企业成立之前就某一项具有市场前景的新产品或服务,向潜在投资者、风险投资公司、合作伙伴等游说以取得合作支持或风险投资的可行性商业报告。创业计划通常是各项职能如市场营销计划、生产和销售计划、财务计划、人力资源计划等的集成,同时也是提出创业的头三年内所有中期和短期决策制度的方针。如果有了一份详尽的创业计划书,就好像有了一份业务发展的指示图一样,它会时刻提醒创业者应该注意什么问题,规避什么风险,并最大限度地帮助创业者获得来自外界的帮助。因此,创业计划书有着非常重要的作用。

(一)能帮助创业者厘清思路、作出正确评价

在使用创业计划书融资前,创业计划书首先应该是给创业者自己看的。因此,创业者应该以认真的态度对自己所有的资源、已知的市场情况和初步的竞争策略作尽可能详尽的分析,并提出一个初步的行动计划,做到心中有数。另外,创业计划书还是创业资金准备和风险分析的必要手段。对初创企业来说,创业计划书尤为重要,一个酝酿中的项目,往往很模糊,通过制订创业计划书,把正反理由都书写下来,然后再逐条推敲,创业者就能对这一项目有更加清晰的认识。

(二)能帮助创业者凝聚人心、有效管理

一份完美的创业计划书可以增强创业者的自信,使创业者明显感到对企业更容易控制、对经营更有把握。因为创业计划提供了企业全部的现状和未来发展的方向,也为企业提供了良好的效益评价体系和管理监控指标。创业计划书使得创业者在创业实践中有章可循。创业计划书通过描绘新创企业的发展前景和成长潜力,使管理层和员工对企业及个人的未来充满信心,并明确要从事什么项目和活动,从而使大家了解将要充当什么角色,完成什么工作,以及自己是否胜任这些工作。因此,创业计划书对于创业者吸引所需要的人力资源,凝聚人心,具有重要作用。

(三)帮助创业者对外宣传、获得融资

创业计划书作为一份全方位的项目计划,它对即将展开的创业项目进行可行性分析的过程,也在向风险投资商、银行、客户和供应商宣传拟建的企业及其经营方式,包括企业的产

品、营销、市场及人员、制度、管理等各个方面。在一定程度上也是拟建企业对外进行宣传和包装的文件。

二、创业计划书的基本框架和内容

创业计划书能让我们对每个细节了然于胸，可以让初入商场的人做到"知己知彼，百战不殆"，创业计划书的基本框架和内容包括以下方面：

(一)产业背景和公司概述

创业计划书主要介绍公司的主营产品和主要特色，以及公司的成立地点、时间、所处阶段和竞争优势。

(二)市场调查和分析

认清和分清市场目前潜在的对手，分析他们的竞争优势，研究战胜对手的方法和手段。

(三)公司战略

依照公司的宗旨和长远发展目标，制订公司经营计划和长远发展目标。

(四)总体进度安排

根据公司和市场情况，制订公司创业经营的时间进度安排，做到行事有的放矢，提高创业的成功率。

(五)关键的风险、问题和假定

根据目前的市场和公司的经营状况，预测关键的风险和问题，假定公司的未来。

(六)管理团队

对公司领导层的重要领导进行专门介绍，包括他们的职务、工作经验、工作能力和专长，以及教育背景等，并简要列出公司普通员工人数，包括兼职员工人数，大体进行概况分类，确定职务空缺。

(七)公司资金管理

公司资金管理主要包括资金需求和来源、融资计划、股本结构和规模、资金运营计划、退出策略及运营方式和时间。

(八)假定公司能够提供的利益

介绍目前公司的营业性收入、成本费用、现金流量等，预测 5 年以后的财务报表情况，探求公司上市、股票收购或兼并等。

三、创业融资

(一)在制订融资方案之前

要准确评估自己的有形资产和无形资产的价值,千万不要妄自菲薄,低估了自己的价值。

(二)融资过程中要作好融资方案的选择

国内的融资渠道虽不健全,但方式比较多,主要有:①合资、合作、外资企业融资渠道;②银行及金融机构贷款;③政府贷款;④风险投资;⑤发行债券;⑥发行股票;⑦转经营权;⑧BOT 融资。多渠道的比较与选择可以有效降低融资成本,提高效率。通过上述途径得到的发展资金可以分为两类:资本资金和债务资金。债务资金(如银行贷款等)不会稀释创业者股权,而且可以有效分担创业者的投资风险,推荐优先使用。

(三)如果采用出让股权的方式进行融资,则必须作好投资人的选择

只有同自己经营理念相近,其业务或能力能够为投资项目提供渠道或指导的投资,才能有效支撑企业的成长。目前的关键问题是,大学生很难找到融资对象,找到一个就像发现了救命稻草一样,根本就没有讨价还价的余地,这样的融资肯定会给后续工作带来很多麻烦。出现这种问题的主要原因是信息不对称,因此创业者一定要加强对融资市场的信息收集与整理,在掌握大量情报资料的前提下作出最优的选择。

(四)创业不仅是实现理想的过程,更是使投资者(股东)的投资保值增值的过程

创业者和投资者是一个事物的两个方面,大家只有通过企业这个载体才能达到双赢的目标。"烧投资者的钱圆自己的梦"的问题说到底是企业家的信用问题,怀抱这种思想的人不会成为一个成功的创业者。只有能为股东创造价值的企业家才能得到更多的融资机会和成长机会。因此,创业者不仅要加强自身的技术能力,还需要具备企业家的道德风范。

四、团队建设

(一)组建创业团队的基本条件

1.树立正确的团队理念

(1)凝聚力

拥有正确的团队理念的成员相信他们处在一个命运共同体中,共享收益,共担风险。团队工作,即作为一个团队而不是靠个别的"英雄"工作,每个人的工作相互依赖和支持,依靠事业成功来激励每个人。

（2）诚实正直

这是有利于顾客、公司和价值创造的行为准则。它排斥纯粹的实用主义或利己主义，拒绝狭隘的个人利益和部门利益。

（3）为长远着想

拥有正确团队理念的成员相信他们正在为企业的长远利益工作，正在成就一番事业，而不是把企业当作一个快速致富的工具。没有人打算现在加入进来，在困境出现之前或出现时退出而获利，他们追求的是最终的资本回报及带来的成就感，而不是当前的收入水平、地位和待遇。

（4）承诺价值创造

拥有正确团队理念的成员承诺为了每个人而使"蛋糕"更大，包括为顾客增加价值，使供应商随着团队成功而获益，为团队的所有支持者和各种利益相关者谋利。

2.确立明确的团队发展目标

团队的发展壮大，需要团队所有成员必须明确团队发展目标，从而使个人发展目标与团队发展目标相匹配，实现个人和团队的双赢。

（二）建立责、权、利统一的团队管理机制，创业团队内部需要妥善处理各种权力和利益关系

1.妥善处理创业团队内部的权力关系

在创业团队运行过程中，团队要确定谁适合从事何种关键任务和谁对关键任务承担什么责任，以使能力和责任的重复最小化。

2.妥善处理创业团队内部的利益关系

这与新创企业的报酬体系有关。一个新创企业的薪酬体系不仅包括诸如股权、工资、奖金等金钱报酬，而且包括个人成长机会和提高相关技能等方面的因素。每个团队成员所看重的并不一致，这取决于个人的价值观、奋斗目标和抱负。有些人追求的是长远的资本收益，而另一些人不想考虑那么远，只关心短期收入和职业安全。

3.制订创业团队的管理规则

主要解决剩余索取权和剩余控制权问题。治理层面的规则大致可以分为合伙关系与雇佣关系。在合伙关系下大家都是老板，大家说了算；而在雇佣关系下只有一个老板，一个人说了算。除了利益分配机制和争端解决机制，还必须建立进入机制和退出机制。没有出入口的游戏规则是不完整的，因此，要约定以后创业者退出的条件和约束，以及股权的转让、增股等问题。

4.组建创业团队的程序和方法

①撰写出创业计划书。

②优劣势分析。

③确定合作形式。

④寻求创业合作伙伴。

⑤沟通交流,达成创业协议。

⑥落实谈判,确定责、权、利。

5. 建立完整的企业文化管理制度

创业期的企业,企业文化处于自发阶段,可能没有很清晰的文化。但只要是企业,就都有自己的文化。企业文化是企业认同的价值观和行为方式。创业期的企业,还在解决温饱问题,因此对文化这种高境界的精神追求不强烈,这其实是一种误解。只要企业里面存在人,就会有文化。企业高层管理者的言行举止和管理风格,本身就是一种文化,只是这种文化还没有制度化。

第八章　大学生"目标与行动"计划书

"凡事预则立,不预则废。"大学,不仅是学科技能教育的再继续,更意味着一场严肃的人生规划的开始,我们需要在更高层次和更广阔的空间里寻找自己人生的发展方向。因此,从进入大学的第一天起,大学生就应该对自己的学习和生活有一个正确的认识和科学的规划。

【案例导入】

孔子的人生阶段划分

《论语·为政篇》论述了中国古代大思想家和教育家孔子的观点:"吾十有五而志于学,三十而立,四十而不惑,五十而知天命,六十而耳顺,七十而随心所欲,不逾矩。"

第一阶段:学前期,即从出生到15岁。这段时期,人的心智开始形成,已开始学习生活中的基本知识。这一时期的学习主要是靠家长的安排或受外界环境的影响,通常并非主动学习。

第二阶段:立志学习时期,并开始参与社会实践,即15~30岁。与学前期相比,这一阶段的学习更为主动、积极,并且与个人志向相结合,是有目的的学习和实践阶段。

第三阶段:自立时期,即30~40岁。这一时期人的心智已完全成熟,懂得了很多道理,并且在经济上和人格上独立了。

第四阶段:不惑时期,即40~50岁。经过多年的学习与实践,已形成完整的个人见解,不被外界事物所迷惑,办事不再犹豫,行为果断。

第五阶段:知天命时期,即50~60岁。丰富的人生经验可以让人认识自然规律,懂得自己的人生使命。

第六阶段:耳顺时期,即60~70岁。总结经验,能够冷静地倾听别人的意见,能分真伪、辨是非。

第七阶段:从心所欲、不逾矩时期,即70岁以上。从心所欲并非为所欲为,更不是为非作歹。处于这个阶段的人,能够做到言行自由,同时不违背客观规律和道德规范。

第一节　制订目标

管理专家德鲁克认为:并不是有了工作才有目标,相反,有了目标才能确定每个人的工作。大学生一定要先有目标和规划,不然到毕业时有什么资本去面对就业难题。大学生的目标制订既应包括总体目标、学年目标、学期目标等不同阶段的规划,还应包括价值目标、学业目标、能力目标和兴趣目标等不同方面的规划。

首先,给自己制订总体目标。通过三年的学习,掌握专业知识和技能,在校内外比赛、活动中锻炼自己,提升自身的综合能力素质。

其次,按照每学年、每学期的不同情况,将总体目标细分为阶段目标。可将其与按内容区分的目标结合起来去制订。

一、价值目标

大学生无疑是社会上思想最活跃、最容易接受新观念的群体。随着他们主体意识的觉醒,在新时代和新形势下,如何用马克思主义和社会主义意识形态对大学生的价值观念进行系统指导,引导其树立与社会主流价值取向相吻合的价值目标,以鲜明的导向性和普遍的适用性来塑造社会主义一代新人,就显得尤为重要了。

1.爱党爱国,立身做人

这是大学生立身做人的前提,体现了社会主义核心价值体系把党的主张、国家意志和人民的意愿统一起来,把政治与伦理、理想与现实结合起来的要求。在社会深刻变迁,思想文化及价值观念多元冲突、交汇的时代,当代大学生更要加强自身修养,牢固树立正确的世界观、人生观和价值观,遵守社会公德和职业道德,坚持社会主义荣辱观,努力使自己成为有理想、有道德、有文化、有纪律的社会主义事业可靠接班人。

2.勤学善思,立志成才

这是大学生的职责与任务,也是社会主义核心价值体系的现实目标的要求。大学生必须勤奋学习,善于思考,养成爱读书、读好书、善读书的良好习惯,提高分析问题、观察问题和处理问题的能力。不仅要学好专业知识,学好马克思列宁主义、毛泽东思想、邓小平理论、习近平新时代中国特色社会主义思想和中国历史、中共党史,了解和掌握世情、国情、党情,还要在学习中加强对现实问题的思考,在思考中促进知识与能力的转化,立志把自己锻造成为中国特色社会主义事业的合格建设者。

3.历练本领,立业为民

艰难困苦,玉汝于成。当代大学生既要刻苦学习书本上的知识,又要善于在实践中学习,要积极投身到中国特色社会主义事业的伟大实践中去,特别是到艰苦、复杂的环境中去历练,向群众学习,向专家学习,向一切有经验的人学习,求取真知、增长才能、锻造本领、提高素质,实现个人的全面发展。一个人只有为社会、为国家、为人民承担责任、做出贡献,他的价值才能获得社会、国家、人民的承认。当代大学生要牢固树立报效祖国、服务人民的思想,倾听群众呼声,实现群众利益,维护群众利益,发展群众利益,在立业为民中实现自己的人生价值和社会价值,为实现中华民族的伟大复兴贡献自己的力量。

二、学业目标

学业目标是学习活动的出发点和归宿。明确学业目标是大学生学习的战略前提,是提高学习积极性、自觉性和效率的关键。一个大学生有无明确的学业目标,决定着他在大学期间是否有明确的追求,是否能够积极向上,以及他的学习效率的高低。

1. 大一:打牢地基

在观念上要将"要我学"变为"我要学",脚踏实地地学好基础课程,特别是英语和计算机;探索出正确的学习方法,合理地安排时间,制订出切实可行的学习计划;选学一些对自己有价值、有益处的课程,拓展知识技能。

2. 大二:承前启后

在这一年里,既要稳抓基础,又要重视实操课程,提升专业技能;获得英语和计算机考级证书;适当选读其他专业的课程,使自己的知识体系多元化。

3. 大三:奋起直追

在上学期要继续加强专业课程的学习,为随后的顶岗实习和毕业论文做好准备;考取专业资格证书,实现双证或多证毕业;有专升本意愿的同学可以进一步准备考试复习,争取在考试中一举过关。

三、能力目标

大学生在校期间不仅要加强知识的学习,更重要的是要加强各种能力的锻炼,这些能力有的是需要学校创造条件,也有的是需要学生自己创造条件去锻炼。

(1)在大一、大二时加入学生会、社团等组织锻炼自己,建立良好的人际关系网,培养自己的沟通能力,积极参加学校开展的各类活动。

(2)大三积累社会实践经验,培养社交能力和应变能力,为就业做好准备。

当然,以上的目标只是给大家提供一个参考,同学们可以根据自己的实际情况制订更加细化的目标,但在制订时要注意以下几点:

1. 制订能够观测的目标

例如不要笼统地写"我要更加努力地完成语文作业",而是要写"我打算复习课堂笔记,并阅读一篇课外文章,记录心得体会"。

2. 制订可以实现的小目标

给自己的成功创造机会,制订能够达成的目标。把大目标分解为一个个小的、具体的、能够迅速完成的任务。譬如,你想在某一科目上拿到优秀的成绩,那么问问自己:"我今天可以做什么?"你如果打算找 3 名同学成立学习小组,那就把这个定为目标吧。

3. 提防拖延怠工

一些你有意无意做的事情可能会使目标无法达成,要提防它们!例如,你本来打算晚上 9 点开始学习英语,可到了晚上 8 点,你却打算坐下来看一场时长为两个小时的电影,这时就应提醒自己不要拖延怠工了!

4. 谨慎对待那些需要依赖他人才能完成的目标

如果你打算让学习小组在周一完成作业,那么其他组员的进度将会影响你能否成功。这时,你就可以写一份有关完成自己那部分作业的"目标陈述",来帮助小组获得成功!

5. 制订时间表

时间表可以让你集中精力。例如你要写一篇论文,就可以把撰写过程分成一个个具体的小作业,并给每个小作业制订完成的时间。比如,你可以写:"我要在周三上午 9 点前确定论文题目。"要记住,你是为了对自己有益才制订时间表的,可不是为了产生负罪感。并且你可以随时调整时间表以应对突发状况。

6. 犒劳自己

按时完成任务后,不妨庆祝一下。请记住,随着你的目标的实现,有些奖励会如期而至。譬如拿到毕业证后,你很可能开始从事心仪的工作,开始新的人生。

第二节 制订行动计划

行动计划是决定行动步骤的过程,是为了能高效地找出实现给定目标的解题步骤而制订的。在确定了目标之后,行动最为关键。如果没有切实可行的计划和一步一个脚印地行动,那么制订的各项目标就是一纸空文,没有任何意义。只有制订了具体可行的详细的行动计划并且落到实处,才能达到水滴石穿的效果;只有每天、每周、每月、每年的目标逐一实现了,总体的目标才能变为现实。

一、制订计划

要让这些目标实现,最重要的是计划要具体,即实现每一个目标的措施一定要具体可行,包括知识的积累、能力的提升、人际关系的建立等。比如在专业知识方面,你计划学哪些知识,怎么学,学到什么程度?在综合素质方面,你计划如何提升自己的口才水平、礼仪素养、交际能力？在专业技能方面,你计划如何提升自己的动手操作能力,去什么单位实习,考取什么技能证书？在潜能开发方面,准备采取什么措施开发自己的潜能？等等。这些都要制订出具体的计划与明确的措施,并按时自我检查。这里可以给大家提供一些与行动计划相关的参考内容。

1. 大一的重点是打基础

这一阶段的重点可放在英语、计算机、数学、语文等基础应用型课程学习上。应着重培养自己的沟通、表达和写作潜力,如规定每天的阅读量,而且最好去图书馆阅读纸质书刊。同时在这一阶段,要根据培养要求和自己的兴趣选择必修课和专业选修课,拿到足够的学分。还可以根据自身情况,加入 1~2 个学生会或社团组织。加入自己真正感兴趣并且能够锻炼能力的组织,那就是一生的财富,在那里可以通过参与活动来提升自己的综合素质。同时要积极参加各类校内外活动,获得相应的大学生素质学分。

2. 大二的重点是强化各种能力

在这一年,要熟悉、掌握专业技术和专业设备的实际操作,要学会从大一的对课本知识的粗浅理解过渡到对课本知识的钻研琢磨,对课本资料有了自己深入的理解和思考,才能提升自己的实践思维潜力和自己专业素养。同时还要继续阅读,广泛涉猎,读一些自己喜欢的书,比如历史学、社会学、经济学的书,开阔视野,储藏知识。还可以着手准备职业规划和专升本考试,为自己大三阶段打好基础。在总结大一得失的基础上,按照自己实际能力发展水平有选择地参与学校组织的活动,并学会反思自己在学生会或社团工作中的问题,从而不断进步。

3. 大三的重点就是与社会接轨

主动加深专业课程的学习,用心参加实习实践,短期备战考取职业资格证书。这一年,应适当减少娱乐休闲时间,努力查缺补漏,完善专业知识,拓展知识面,为找工作和专升本考试做好准备。同时还要加强自己与社会的沟通潜力,毕竟专升本并不是人生的最终目的,大家最终还是要走向社会。所以应对自己的大学阶段进行总结,看看在规划中的哪些安排没有做到,努力分析原因,以便为今后的职业做更好的规划。

二、行动指南

青年学生处于血气方刚的年龄阶段,对未来充满憧憬。只要树立了远大的理想,确立了明确的目标,制订了相应的规划,就容易产生动力和激情,激励自己为实现既定的理想和目标而不懈地努力奋斗。

使每一个学生都能够成人、成才、成功,既是学校的根本任务,也是大学生们共有的目标。成人重在内化与养成,体现做人的道理,读书明理,并按照这些道理来规范自己的行为,自觉地把这些道理内化为自身的素质,养成良好的做人习惯和为人处世的态度,执行统一,积善成德。成才重在学习与实践,掌握做事的本领,学习和掌握相应的基础知识和专业知识,通过实践来锻炼和提高各种能力。成功重在追求与奋斗,要以成人和成才为基础。成功人士总能得到他们想要的结果。成功源自脚踏实地和坚持不懈。当你开始行动时,记得随身携带下面的行动指南。

发现"跬步"的乐趣。即使简单的行为改变也可以带来相应的效果。如果你觉得自己患有"拖延症",那就在目标中挑一项具体的任务来尝试改变。譬如,找到一个与你下次的论文题目相关的网站,或者花 3 分钟预习一项阅读作业。乐积"跬步",你自然而然就会优雅从容地行动起来。

制订作息时间表。给自己制订一个包含时间和具体行为的表,并且严格执行。写清楚你将如何去做,并且它们必须是可以被录像机录下来的肢体行动。

遇到困扰时承认事实。研究人类的行为,你会发现人们总在维持原有行为的同时,期待产生新的结果,但搞不清为什么事情没有任何进展。如果发现类似情况也发生在你身上,千万别惊讶。坦然承认,回顾你的目标,制订下一步的行动。

学会评估和反馈计划。计划永远都赶不上变化,所以制订的计划不是一成不变的,它总是随着环境、个人爱好、需求等方面在不断变化。随着学习的深入和对自己以及社会环境的了解,逐步改变一些目标以及调整一些方法。在这个过程中,把自己已经实现的目标进行总结,从中得到经验,学习克服困难的方法,并将其纳入新增的目标里加以应用,这样能够取得很好的效果。这种对目标的改进与完善不断重复进行,自己的计划就不断地向现实靠拢,自己也会慢慢地完成自己的计划要求。

三、大学生"目标与行动"计划书(表 8-1)

表 8-1 大学生"目标与行动"计划书

目标	目标范围	行动目标	需提升的能力	有助于达到目标的活动	可求助途径	完成时间节点	完成情况	反馈说明(反思)	监督人	备注
价值目标	树立正确价值观									
学业目标	专业知识									
	拓展知识									
能力目标	第二课堂									
	社团活动									
	志愿服务									
	就创实践									
兴趣目标	体育活动									
	文艺活动									
	学科竞赛									
	其他活动									
其他										

姓名: 班级: 填表日期:

大学生目标行动计划书填写说明

1. "大学生目标行动计划书"可以引导学生树立合理的目标,帮助学生将目标分解成具体的可执行的步骤,管理目标计划的执行情况,也可以帮助学生了解自己与目标的差距,确定自己的行动目标,以及为了达成目标需要采取哪些行动,以达到激发学生内在动力,帮助学生学会决策、平衡生活,实现自我服务、自我管理、自我成长、自我发展的目的。

2. 在制订行动计划的过程中,可以请教、咨询专业老师及辅导员,行动计划制订要具体、可衡量、可达成,行动与计划要具有一定的相关性,有时间和截止日期。

3. "行动目标":每个学期为提升能力设定的奋斗目标,如通过英语三级考试。

4. "需提升的能力":要确定需提升的能力的名称,如外语水平。

5. "有助于达到目标的活动":参照但不限于学院和各系活动,参加有助于达到目标的学校活动,如参加英语学习兴趣小组等。

6. "可求助途径":可帮助实现行动目标的人或其他途径,如同学、英语老师,网课、图书馆等。

7. "完成时间节点":实现行动目标所需要的时间,如2019年3月1日—5月17日。

8. "完成情况":行动目标完成情况的具体描述,如已完成,顺利通过英语三级考试或未完成,未通过英语三级考试,差多少分。

9. "反馈说明(反思)":对行动目标完成情况的主客观分析,列明在实现目标过程中应做到和未做到的关键点,如每天早晨早自习背单词,积累单词量达3 000个等。

10. "监督人":监督自己完成计划的同学、老师和亲朋,如心直口快的损友、同窗舍友、男女朋友、社团领导、专业老师、父母等。

参考文献

[1] 艾华,周彦吉,赵建磊,等.创新创业教育对大学生就业竞争力的作用研究[J].北京教育
(高教),2016(3):26-29.

[2] 陈涛.深化创新创业教育 助推大学生就业[J].辽宁经济职业技术学院学报,2016
(5):73-75.

[3] 程社明.你的船 你的海:职业生涯规划[M].北京:新华出版社,2007.

[4] 戴丹,徐格.创新创业教育对大学生就业影响程度分析[J].知识经济,2016(6):
129-130.

[5] 党美珠,李建伟,耿李姗.基于大学生就业能力提升的创新创业教育探索[J].求知导刊,
2016(33):36-37.

[6] 董金宝.大学生就业创业工作宝典[M].北京:中国农业大学出版社,2016.

[7] 方伟.大学生职业生涯发展规划[M].北京:世界图书出版公司,2011.

[8] 古典.拆掉思维里的墙[M].北京:北方妇女儿童出版社,2011.

[9] 何萍,陆丹.大学生职业生涯规划与发展[M].北京:经济管理出版社,2018.

[10] 江小卫.新编大学生就业指导与创业教育[M].成都:电子科技大学出版社,2016.

[11] 金环,刘平.职业生涯规划[M].北京:清华大学出版社,2013.

[12] 金树人.生涯咨询与辅导[M].北京:高等教育出版社,2007.

[13] 兰天.英国大学生个人发展规划研究[D].福州:福建师范大学,2011.

[14] 冷天玖.大学生就业指导与创业教育的多维度研究[M].北京:清华大学出版社,2016.

[15] 李纲,黄志启.大学生创业行动手册[M].北京:国防工业出版社,2016.

[16] 李秋艳,杨莹.影像中的职场世界:大学生就业创业影视文化研究[M].西安:西北工业
大学出版社,2016.

[17] 李志东.创新创业:当代大学生就业新趋势[J].中国青年社会科学,2016(5):
101-105.

[18] 廖翠玲.基于大学生就业能力提升的创新创业教育探索[J].教育教学论坛,2016
(49):244-245.

[19] 林瑞青.大学生职业规划与职业素养[M].北京:中国人民大学出版社,2014.

[20] 刘平.大学生就业与创业指导[M].北京:清华大学出版社,2016.

[21] 刘姗.基于创新创业教育的大学生就业能力提升途径探索[J].求知导刊,2016(35)：52-53.

[22] 卢和旭,王建,张发民,等.基于大学生创新创业训练项目的大学生就业能力培养[J].产业与科技论坛,2016(15)：181-182.

[23] 罗双平.职业选择与事业导航——职业生涯规划技术[M].2版.北京:机械工业出版社,2008.

[24] 聂强,陈兴国,疏勤.大学生就业与创业教育[M].北京:北京理工大学出版社,2014.

[25] 聂强.就业与创业指导[M].北京:北京理工大学出版社,2011.

[26] 邵焕举.创新创业指导下的大学生就业能力提升途径研究[J].理论观察,2016(9)：141-142.

[27] 史晓华,曹敏.试论创新创业教育对大学生就业能力的影响[J].才智,2016(18)：164-165.

[28] 田蕾.基于大学生就业能力提升的创新创业教育探索[J].山东商业职业技术学院学报,2016,16(5)：60-62.

[29] 王敏.基于大学生就业能力提升的创新创业教育探索[J].天津中德职业技术学院学报,2016(6)：65-67.

[30] 王明洁,杨阳,温雅丽,等.基于创新创业教育的大学生就业能力提升途径研究[J].人力资源管理,2016(7)：285-286.

[31] 魏勃,张晓凤,谢辉.大学生基层就业与创业[M].北京:知识产权出版社,2016.

[32] 吴芝仪.我的生涯手册[M].北京:经济日报出版社,2008.

[33] 许荔荔.创新创业教育对大学生就业竞争力的影响探究[J].教育(文摘版),2016(2)：21.

[34] 姚颖超.大学生职业生涯规划[M].北京:北京航空航天大学出版社,2010.

[35] 张祥霖,杨俭修.高职生职业素养[M].济南:山东人民出版社,2014.

[36] 郑瑞涛.职业素养训练[M].北京:清华大学出版社,2015.

[37] 朱爱胜.大学生就业与创业导论[M].北京:高等教育出版社,2008.